OFCE

L'économie française 2003

Éditions La Découverte
9 *bis*, rue Abel-Hovelacque
75013 Paris

L' OFCE

L'**OFCE**, **O**bservatoire **F**rançais des **C**onjonctures **É**conomiques, a été créé en janvier 1981 au sein de la Fondation Nationale des Sciences Politiques, par une convention passée entre le Premier ministre et le président de la Fondation. Il a pour mission d'étudier les économies française et étrangères, leurs conjonctures et leurs structures et d'animer le débat public en économie.

Jean-Marcel Jeanneney fut le fondateur et premier président de l'OFCE (1981-1989). Jean-Paul Fitoussi préside l'OFCE depuis janvier 1990.

L'OFCE publie :

La *Revue de l'OFCE* paraît quatre fois par an et contient des analyses détaillées de la conjoncture, des prévisions, des études de politique économique, des recherches théoriques, historiques ou sociologiques.

La *Lettre de l'OFCE* présente une fois par mois une analyse synthétique de quelques sujets d' actualité ou d' un point particulier de la conjoncture.

L' OFCE publie également des livres ; par exemple :

Rapport sur l'état de l'Union européenne, sous la direction de Jean-Paul Fitoussi et Jacques Le Cacheux, édition Fayard et Presses de Sciences Po, édition annuelle.

Pour tous renseignements sur les publications de l' OFCE :

Les Presses de Sciences Po : 44, rue du Four 75006 Paris
Tél : 01 44 39 39 60. Fax : 01 45 48 04 41. E-Mail : info@presses.sciences-po.fr
Site Internet : http : //www.sciences-po.fr/edition

OFCE : 69, Quai d' Orsay 75340 Paris cedex 07
Tél : 01 44 18 54 00. Fax : 01 45 56 06 15. E-Mail : ofce@ofce.sciences-po.fr
Site Internet : http : //www.ofce.sciences-po.fr

Catalogage Électre–Bibliographie
OBSERVATOIRE FRANÇAIS DES CONJONCTURES ECONOMIQUES
L'économie française 2003 / OFCE ; dir. Françoise Milewski. – Paris : La Découverte, 2003. – (Repères ; 357)
ISBN 2–7071–3956–4
RAMEAU : France : conditions économiques : 1997–...
DEWEY : 330.7 : Économie générale. Conjoncture et conditions économiques. 440 : France
Public : Tout public

Si vous désirez être tenu régulièrement informé de nos parutions, il vous suffit d'envoyer vos nom et adresse aux Éditions La Découverte, 9 *bis* rue Abel-Hovelacque, 75013 Paris. Vous recevrez gratuitement notre bulletin trimestriel **À La Découverte**.

Introduction

La croissance en France s'est avérée très faible en 2002 : moins de 1 %. Le ralentissement date du printemps 2001. Toute l'Europe a été concernée. Le tassement de la demande interne et celui des exportations se sont enchaînés. La France a continué de faire un peu mieux que la moyenne, mais l'écart est désormais ténu.

Le choc de septembre 2001 est intervenu dans cette situation où le retournement des perspectives de croissance avait déjà eu lieu. Un choc dans ce contexte a eu des effets amplifiés, tant aux États-Unis qu'en Europe. La crise boursière a été renforcée par la dégradation de la situation financière des entreprises.

Les politiques économiques ont en partie corrigé les tendances spontanées, mais de manière différente de part et d'autre de l'Atlantique, si bien que la croissance américaine a de nouveau dépassé celle de l'Europe en 2002.

L'on sait depuis longtemps combien, dans un contexte conjoncturel de montée des risques et d'anticipations défavorables, il est important que les autorités publiques montrent leur volonté de soutenir les demandes intérieures et réduisent ainsi l'incertitude.

L'analyse du présent de l'économie française, par l'éclairage qu'elle apporte, est un élément de la réponse aux questions sur la dynamique en cours. Cet ouvrage, dans une première partie, analyse l'économie française dans toutes ses composantes, en situant l'année 2002 dans les évolutions de longue période. La seconde partie propose des analyses de certains thèmes, qui constituent des aspects majeurs des débats actuels, en particulier de politique économique européenne : la position de la France en Europe ; la Banque centrale européenne et l'euro ; le Pacte de stabilité et de croissance ; la Convention et la réforme des institutions européennes. Enfin, chronologie et base de données viennent compléter les commentaires.

Françoise Milewski*

* Françoise Milewski a assuré la conception et la coordination de l'ouvrage. Ont assuré la réalisation : Amel Falah et Claudine Houdin.

I / La croissance

Françoise Milewski

La croissance en France n'a atteint que 0,9 % en 2002, après 1,8 % en 2001 et 4,2 % en 2000 (graphique I.1). Le ralentissement date du printemps 2001. Toute l'Europe a été concernée : en moyenne annuelle, le PIB de la zone euro n'a atteint que 1,5 % en 2001 et 0,8 % en 2002. Le tassement de la demande interne et des exportations se sont enchaînés. La France a continué de faire un peu mieux que la moyenne, mais l'écart est désormais ténu.

Le choc de septembre 2001 est intervenu dans cette situation où le retournement des perspectives de croissance avait déjà eu lieu. Un choc dans ce contexte a eu des effets amplificateurs, tant aux États-Unis qu'en Europe. La crise boursière a été renforcée par la dégradation de la situation financière des entreprises. Les politiques économiques ont en partie corrigé les tendances spontanées, mais de manière différente de part et d'autre de l'Atlantique, si bien que la croissance américaine a de nouveau dépassé la croissance européenne en 2002.

Une croissance interrompue en Europe

La croissance amorcée au second semestre de 1997 semblait pourtant solide : de 3,6 % en France et de 3,1 % en Europe en moyenne de 1998 à 2000, elle permettait partout une baisse significative du chômage. La fin de la croissance molle des années 1990 était à l'ordre du jour.

GRAPHIQUE I.1. — PRODUIT INTÉRIEUR BRUT EN FRANCE

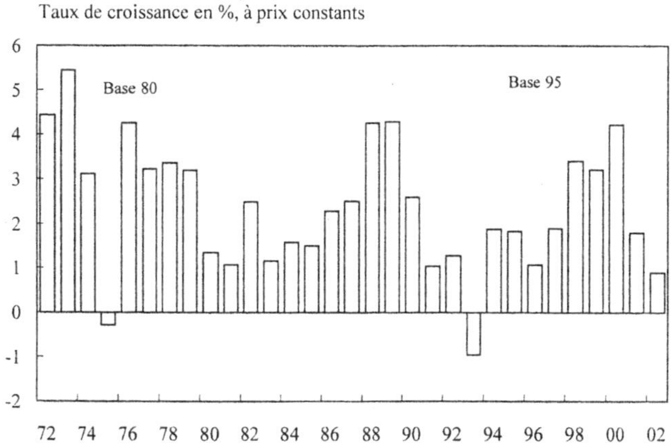

Source : INSEE.

La majeure partie de la décennie passée avait en effet été marquée par une succession de ralentissement (1990-92), de récession (1992-93), de reprise avortée (1994-96). L'accroissement du chômage et la faiblesse du taux d'investissement en ont résulté, puis ont entretenu l'atonie.

La fin de la restriction de la politique économique en Europe, une fois réalisé l'ajustement pour l'entrée dans l'euro, et les gains de compétitivité dus à la baisse de l'euro portaient leurs fruits. Sur le plan structurel, la mise en œuvre des technologies de l'information et de la communication semblait assurer la solidité des perspectives à moyen terme, puisque la révolution technologique élevait le potentiel de croissance.

Certes des creux conjoncturels s'étaient manifestés dans cette période. D'abord, à la charnière de 1998 et 1999, l'environnement de la France et de l'Europe s'était nettement dégradé, du fait de la crise des pays émergents. La croissance a alors fluctué avec la demande extérieure, s'amenuisant au premier semestre 1999, se redressant ensuite avec le redémarrage rapide en Asie et le maintien à haut niveau de la croissance américaine. Le choc, essentiellement industriel, avait été amorti sur le PIB par l'importance croissante prise par le secteur des services.

Après le creux du début d'année 1999, simple épisode dans la phase de reprise, le redémarrage fut vigoureux au second semestre. En découlaient un rythme soutenu de créations d'emplois et une forte baisse du chômage, et l'apparition d'une « cagnotte » fiscale, grâce aux abondantes rentrées d'impôts, réduisant le déficit public plus fortement que prévu.

Puis, en 2000, la hausse du prix du pétrole a de nouveau ralenti la croissance française et européenne au premier semestre. Le prix du pétrole s'était élevé, de 10 dollars le baril au début de 1999 à 33 en septembre 2000. La hausse du dollar a amplifié le renchérissement. L'impact a été restrictif. L'inflation supplémentaire a pénalisé le revenu des ménages, car les salaires ne sont plus, depuis le début des années 1980, totalement indexés sur les prix. Les revenus individuels ont ainsi subi des pertes de pouvoir d'achat. Mais grâce à un rythme élevé d'embauches, la hausse de la masse des rémunérations a été préservée, y compris en termes réels. Ainsi, le prélèvement a été de faible ampleur.

Le prix du pétrole ayant rapidement baissé à la fin de 2000, on a espéré un retour rapide au rythme précédent de la croissance économique. C'était sans compter avec les effets décalés de la hausse des prix en 2001, et la réaction prompte de la BCE à élever les taux d'intérêt dans ce contexte d'accélération de l'inflation. D'autant que des phénomènes spécifiques de hausse des prix alimentaires (crise de la vache folle, fièvre aphteuse, etc.) sont venus renforcer l'inflation (3,4 % en mai 2001 en Europe, 2,3 % en France), ce qui a pesé sur le revenu des ménages.

La demande intérieure s'en est ressentie. Dans le même temps, le ralentissement international a provoqué un repli des commandes étrangères. Si bien que les entreprises, confrontées à un affaiblissement à la fois de la consommation des ménages et des exportations ont tempéré leurs investissements. Dans ce contexte, l'éclatement de la bulle technologique a fortement pesé (tableau I.1).

L'Europe et la France, au printemps 2001, subissaient donc déjà un ralentissement ; mais on considérait à l'époque qu'il ne remettait pas en cause les conclusions qui découlaient des réflexions de moyen terme. Cependant, l'ampleur et l'impact en Europe du déséquilibre américain faisaient débat. Aux États-Unis, la croissance des années précédentes avait en effet conduit à de graves tensions, en particulier de financement. Déficit d'épargne intérieure et déficit extérieur sont allés de pair. La Bourse était surévaluée. Une correction boursière est intervenue, d'abord sous la forme d'un « krach rampant », c'est-à-dire d'une succession de hausses et de baisses de l'indice général et d'une forte baisse de l'indice des nouvelles technologies, puis sous la forme d'une baisse généralisée des cours des actions.

TABLEAU I.1. — COMPOSANTES DE LA CROISSANCE

En %

	1997	1998	1999	2000	2001	2002 [1]
France						
PIB	1,9	3,4	3,2	4,2	1,8	0,9
Exportations	11,8	9,1	4,9	13,6	1,5	1,4
Demande intérieure	0,7	4,0	3,6	4,3	1,6	0,8
Zone euro						
PIB	2,4	2,9	2,8	3,5	1,5	0,8
Exportations	10,4	7,4	5,1	12,6	2,7	0,7
Demande intérieure	1,9	3,6	3,5	2,9	1,0	0,3

1. Estimation.

Sources : INSEE ; Commission européenne.

Les plus-values cédant la place aux moins-values, les revenus des ménages et des entreprises se sont affaiblis, faisant apparaître la gravité de leur endettement. Les dépenses en ont subi les contrecoups. L'investissement des entreprises a été tout particulièrement affecté. La consommation des ménages a davantage résisté. L'économie américaine est entrée en fort ralentissement en 2001. L'éclatement de la bulle Internet s'est rapidement transmis à tous les pays.

Des chocs en situation de repli

Le choc de septembre 2001 s'est produit dans ce contexte d'une économie très dégradée outre-Atlantique et d'une pause dans la croissance en Europe. Il a donc amplifié les déséquilibres préexistants. Le surendettement des entreprises américaines a été révélé par la faillite de grands groupes et a suscité de nouveaux replis boursiers.

L'Europe fut immédiatement atteinte. Du décalage des années 1990, lorsque la croissance américaine était deux fois plus forte que la croissance européenne, on déduisait la possibilité d'une déconnexion durable des conjonctures. On pouvait espérer qu'elle perdure, mais en sens inverse : ayant levé ses contraintes propres et commençant à combler son retard technologique, l'Europe pouvait soutenir l'économie mondiale, dans un contexte d'atterrissage en douceur de l'économie américaine.

Cette vision a été démentie. La transmission des cycles financiers est en effet beaucoup plus rapide que celle des cycles réels. La transmission par les échanges extérieurs est amplifiée par celle des échanges de capitaux. Déjà dans le courant de 2001, la sensibilité de l'économie européenne, en particulier allemande, au repli américain, avait surpris par son ampleur, alors que le degré d'ouverture commerciale est faible, du moins si l'on s'en tient aux échanges bilatéraux. Par contrecoup, toute la zone euro pâtissait de l'atonie allemande.

C'est désormais dans la sphère financière que se jouent les réactions, dans un contexte d'accentuation de la globalisation. Dettes, crédits et prix patrimoniaux influencent les comportements. Les effets de richesse sont inversés. Les Bourses européennes ont baissé davantage que la Bourse américaine, par sur-réaction : les indices boursiers reculent davantage parce que les capitaux américains sont rapatriés et recentrés vers des actifs sûrs. La croissance externe des entreprises européennes par fusions-acquisitions, qui s'était amplifiée notamment en direction des États-Unis, les fragilise. Par contrecoup, le secteur bancaire a été atteint. Des réallocations d'actifs financiers et productifs ont été effectuées. Les investissements en TIC ont été gelés, les perspectives d'emplois revues en baisse.

Le ralentissement a été général en 2001, même si les rythmes sont différenciés selon les pays et les zones, à l'inverse des décennies précédentes où les décalages soutenaient la croissance moyenne de l'économie mondiale. Mais en 2002, l'écart de croissance entre les États-Unis et l'Europe est de nouveau favorable aux États-Unis. L'inversion de l'écart s'était bien produite en 2001, mais elle fut de courte durée. D'une part la transmission du ralentissement américain à l'Europe, *via* les marchés financiers et l'éclatement de la bulle des technologies de l'information et de la communication, d'autre part des causes spécifiquement européennes ont contraint l'activité de ce côté-ci

TABLEAU I.2. — PRÉVISIONS DE CROISSANCE

En %

	2000	2001	2002		2003	
			OCDE	CE	OCDE	CE
États-Unis	3,8	0,3	2,3	2,3	2,6	2,3
Japon	2,4	– 0,1	– 0,7	– 0,6	0,8	1,2
Zone euro	3,5	1,5	0,8	1,4	1,8	1,8

Sources : OCDE ; Commission européenne, automne 2002.

de l'Atlantique. Des réactions différentes des politiques économiques, en ampleur et en délai de réactivité, ont amplifié l'écart spontané. Aux États-Unis, une forte relance budgétaire (on est passé d'un excédent à un déficit des comptes publics) et des baisses successives et nombreuses des taux d'intérêts ont soutenu l'activité. À l'inverse en Europe, les hésitations de la Banque centrale européenne à baisser les taux et les contraintes du Pacte de stabilité et de croissance en matière budgétaire ont conduit à une politique économique plus timorée. En 2002, la croissance a atteint 2,3 % aux États-Unis et 0,8 % seulement en Europe. Le Japon est demeuré en récession.

Toutes les prévisions pour 2002 avaient été fortement revues en baisse entre le printemps et la fin de 2001. La crainte d'un repli généralisé après le choc de septembre expliquaient ce pessimisme. La Commission européenne, par exemple, avait révisé en baisse sa prévision de 2,5 points pour les États-Unis (à 0,5 %), de 2,2 points pour le Japon (à – 0,9 %) et de 1,6 point pour la zone euro (à 1,3 %). Ses prévisions du printemps 2002 avaient corrigé cet excès de pessimisme pour les États-Unis (remontée à 2,7 %) et confirmé les anticipations pour le Japon (à – 0,8 %) et la zone euro (à 1,4 %). Les estimations du PIB faites à la fin de 2002 pour l'année en cours réduisent la croissance du PIB des États-Unis à 2,3 % et celle de la zone euro à un peu moins de 1 %.

Les prévisions pour 2003 prolongent l'anticipation d'une croissance faible en Europe (1,8 %), modérée aux États-Unis (de 2,3 à 2,6 %), et tablent sur une reprise au Japon (de 0,8 à 1,2 %) (tableau I.2). On est loin en Europe des 3,5 % de 2000 et des 3,1 % en moyenne de 1998-2000.

Le risque de repli généralisé n'est pas écarté

Plusieurs incertitudes pèsent sur l'économie mondiale : l'incertitude concernant le pétrole, des risques spécifiques à l'économie américaine, la transmission mondiale d'anticipations défavorables, et enfin les hésitations des politiques économiques.

La situation du marché pétrolier tient aux facteurs politiques de la guerre éventuelle en Irak. Les fluctuations du prix du pétrole ont été importantes depuis l'été 2002 : moins de 20 dollars le baril en janvier 2002, près de 29 en septembre, puis baisse à 24 en novembre). Une forte remontée des prix, si elle était durable, pèserait sur les PIB mondiaux, en accentuant l'inflation, réduisant ainsi la consommation puis les investissements, et en accentuant les hésitations de certaines banques centrales à réduire les taux d'intérêts du fait de l'accélération de l'inflation.

La situation de l'économie américaine reste encore, à la fin de 2002, pour le moins ambiguë. Certes, la crise de suraccumulation des entreprises, qui ressortait des investissements excessifs de la période de forte croissance, est en voie d'être résolue du fait de la forte baisse des investissements. Certes, la consommation des ménages a été soutenue par des baisses d'impôts et des facilités de crédits à des taux très faibles, et l'amputation de leur richesse financière consécutive à la baisse des cours boursiers a été en partie compensée par la richesse immobilière. Mais la dégradation de l'emploi pèse sur le revenu des ménages. La situation financière des entreprises se révèle d'autant plus dégradée à mesure des révélations des trucages financiers passés ; cela pèse sur les dépenses d'investissements, la prudence des banques dans l'ampleur et les conditions des crédits qu'elles accordent, et sur les cours boursiers. Le déficit de la balance des paiements courants demeure élevé, malgré le repli d'activité. Enfin, les marges de manœuvre des politiques économiques sont plus limitées à la fin de 2002 qu'elles ne l'étaient à la fin de 2001.

Les anticipations sont, à l'automne 2002, incertaines : les risques de rechute de l'économie américaine, d'éclatement de bulles immobilières en plusieurs pays, d'annonces de difficultés financières de grandes entreprises, voire de faillites, dans un contexte de montée de la volatilité et d'accroissement des incertitudes internationales sont des éléments qui contribuent à dégrader les anticipations, à provoquer un report voire un blocage des décisions d'investissements et d'embauches, et au total à induire des enchaînements cumulatifs à la baisse et des tendances déflationnistes. La crise financière n'est pas simplement une correction en baisse d'excès passés à la hausse, sans lien avec la sphère réelle, mais un choc d'offre négatif qui rétro-agit sur l'économie réelle.

Enfin, les politiques économiques ont été très actives aux États-Unis, mais, en contrepartie, les marges de manœuvre restantes sont plus limitées, tant en termes d'impulsions budgétaires qu'en termes de détente supplémentaire de la politique monétaire. En Europe, où les marges de manœuvre sont plus importantes, une impulsion significative suppose un assouplissement des contraintes que se sont données les acteurs de la politique économique, tant monétaires que budgétaires.

La France et l'Europe

Les écarts conjoncturels en Europe ont été importants depuis 1997. Après la convergence forcée pour l'entrée dans l'euro, les décalages se sont amplifiés. Besoins de rattrapage des pays les moins développés, niveaux d'entrée dans l'euro sur- ou sous-évalués, sensibilités différentes à l'environnement extérieur expliquent la forte croissance de l'Irlande et de l'Espagne et la faible croissance de l'Allemagne et de l'Italie. Des particularités nationales (spécialisation de l'Irlande sur le secteur porteur des TIC, effet restrictif décalé des hausses d'impôts en Italie, difficultés structurelles de l'Allemagne suite à la réunification…) ont creusé les écarts (tableau page 121). Ceux-ci ont suscité des différences d'inflation et de chômage. En Europe, l'Allemagne est le pays le plus affecté en 2001-2002.

La France s'est située un peu au-dessus de la moyenne européenne jusqu'en 2001, comme depuis 1997 (graphique I.2). Mais comme ailleurs, la rupture de 2001 est nette. Le ralentissement extérieur a pesé sur les exportations. Les entreprises ont limité leurs dépenses d'investissement. Elles ont aussi réduit leurs stocks et continuent de les juger excessifs au regard des commandes. Elles ont enfin infléchi les créations d'emplois. L'ajustement par l'emploi précaire (intérimaire en particulier) s'est opéré très vite. Les perspectives des entreprises se sont dégradées dans tous les secteurs, le malaise industriel se généralisant (graphique I.3). La baisse du chômage s'est interrompue et une remontée est intervenue à partir de la fin de 2001.

GRAPHIQUE I.2. — CROISSANCE DU PIB

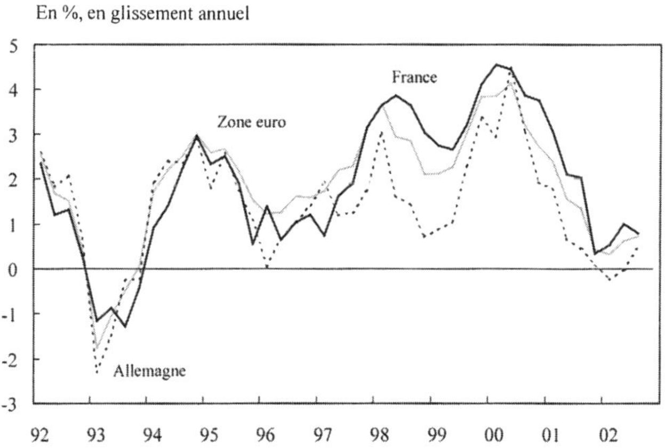

Sources : Eurostat ; sources nationales.

Graphique I.3. — Climat de confiance

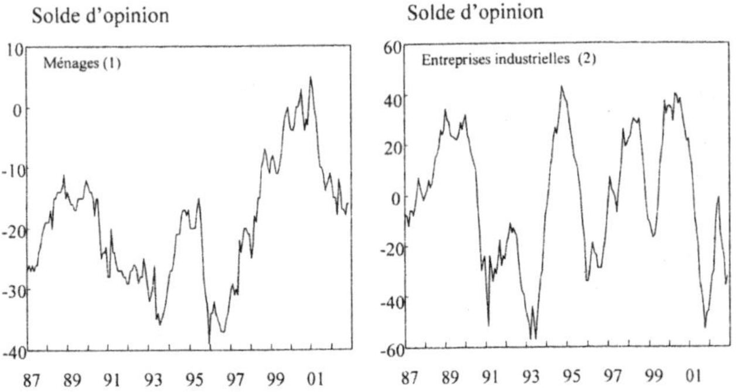

1. Écart entre le pourcentage de ceux qui estiment que la situation s'améliore et ceux qui pensent qu'elle se dégrade.
2. Perspectives générales de production.

Source : INSEE.

Le revenu des ménages avait été atteint dès 2000 par l'accélération de l'inflation, mais le maintien à haut niveau des créations d'emplois et la baisse des impôts l'avaient soutenu. La confiance des ménages s'est pourtant nettement dégradée, dès lors que la hausse du chômage a repris, et les achats se sont ralentis.

La spécificité française est en train de s'atténuer : la croissance se rapproche de la moyenne européenne, car ce qui justifiait l'écart avec les autres grands pays (une croissance de l'emploi plus forte) disparaît. Demeure néanmoins le fait que la politique budgétaire est plus expansive en France qu'ailleurs, et que cela pourrait expliquer le maintien d'un écart de croissance avec l'Allemagne ou l'Italie.

Les politiques économiques européennes

Les politiques économiques en Europe dans les années 1990 ont été restrictives, bridant la croissance.

Sur *le plan monétaire*, les évolutions ont été déterminées par la politique du change. Les pays qui, comme l'Allemagne et la France, ont maintenu une stratégie de monnaie forte, ont souffert de l'appréciation du change relativement aux États-Unis et au reste de l'Europe. Ceux qui ont ancré leur monnaie sur le mark ont été contraints, en outre, à des taux d'intérêt élevés (plus de 10 % en France fin 1992-début 1993 pour les taux réels à court terme, 7 % en moyenne pour l'UE15). Ceux qui ont accepté une dépréciation de leur monnaie en 1992 ont un peu moins souffert, dans un premier temps, mais ont finalement été entraînés par le repli des autres. Globalement, les taux d'intérêts réels élevés ont exercé une contrainte redoutable. Le niveau des taux d'intérêt a, depuis 1993, partout fléchi ; mais la détente des taux s'est produite tendanciellement, de brusques à-coups survenant dans certains pays.

Sur le *plan budgétaire*, la rigueur budgétaire et des comptes sociaux s'est intensifiée à partir de 1995 dans tous les pays car la récession de 1993 avait partout creusé les déficits publics et éloigné du respect des critères de convergence du traité de Maastricht. Même les pays dont le déficit public était inférieur à 3 % du PIB ont réalisé des efforts de réduction de ces déficits. Ainsi, les critères de convergence sont venus contraindre les politiques des États, notamment dans leur composante budgétaire (critères de déficit et dette publics). Pour rassurer les pays à monnaie forte et les banques centrales, ces critères ont privilégié la bonne gestion (déficit, dette, inflation), plutôt que la croissance (PIB, emploi...). Ces politiques budgétaires se sont révélées d'autant plus restrictives que leurs effets se cumulaient ; chaque pays comprimant ses dépenses publiques et/ou accroissant ses prélèvements obligatoires, la croissance européenne a collectivement pâti de la simultanéité de ces ajustements, d'où le contraste avec la progression soutenue de l'économie mondiale.

L'Union monétaire au 1er janvier 1999 a été décidée le 2 mai 1998. Onze pays y participent, sur les douze qui le souhaitaient, la Grèce ne remplissant pas les critères à l'époque. Le Danemark, la Suède et le Royaume-Uni ont choisi d'attendre. Les parités de change des pays participants ont été gelées dès cette date. La Grèce a finalement rejoint l'Union monétaire au 1er janvier 2001.

La politique économique en Union monétaire

La *politique monétaire* est dirigée par la Banque centrale européenne (BCE), indépendante des pouvoirs politiques. Sa mission est de défendre la stabilité des prix et elle dispose de l'instrument des taux d'intérêt pour cela. Les taux d'intérêt nominaux des pays ont été unifiés à 3 % pour l'entrée dans l'Union monétaire. Leur gestion devient par définition centralisée.

L'appréciation de la « stabilité des prix » n'est cependant pas évidente : y a-t-il un niveau optimum ? Maximum ou minimum ? Quels objectifs de masse monétaire sont les plus adéquats ?

La BCE a réagi au passage à vide de l'économie européenne de l'automne 1998 et du début de 1999 par une baisse de son taux de refinancement à 2,5 % en avril 1999 ; elle a ainsi soutenu l'activité, alors que la baisse des prix importés renforçait la désinflation (1 % en moyenne européenne au début de 1999, inférieure à la norme implicite de 2 %).

La reprise à partir du milieu de l'année a conduit la BCE à relever son taux à partir de novembre 1999 jusqu'à 4,75 % en octobre 2000. Elle a considéré que des risques de surchauffe existaient d'abord dans certains pays (Espagne, Irlande), puis généralement en Europe. Que l'inflation s'accélérait exagérément avec la montée du prix des matières premières, la hausse des prix importés due à la baisse de l'euro, et certaines tensions sur les capacités de production. Enfin, que la croissance du crédit et de la masse monétaire s'accélérait excessivement. Après un repli à la charnière de 2000 et 2001, la hausse des prix s'est de nouveau accélérée en Europe jusqu'à la mi-2001 (3,4 % en mai dans la zone euro, et 2,3 % en France), sous l'effet supplémentaire des hausses de prix des produits alimentaires. Le ralentissement était pourtant bien engagé en Europe. La BCE a cependant attendu avant d'abaisser ses taux d'intérêts : en mai, puis en août, elle a réduit son taux de refinancement de 0,25 point à chaque fois. Modérées, ces baisses ont été tardives au vu de l'activité, ce qui a été justifié par le dépassement de la cible de l'inflation.

La politique monétaire unique s'est heurtée à des difficultés objectives, du fait des décalages conjoncturels accrus au sein de la zone euro. Ceux-ci ayant induit de forts écarts d'inflation, un même niveau européen de taux nominaux a conduit à des niveaux différents de taux réels, négatifs dans les pays à forte inflation (Irlande, Espagne), positifs ailleurs, tout particulièrement là où la hausse des prix était faible (France). L'impact était donc expansif dans les pays déjà en progression soutenue, restrictif ou neutre dans les pays qui connaissaient le ralentissement le plus marqué. Deux ans après la naissance de l'euro, des problèmes nouveaux dans la conduite de la politique monétaire ont ainsi émergé, du fait d'écarts de croissance dont l'ampleur n'était pas anticipée.

Le niveau du *taux de change* n'est pas un objectif explicite de la BCE. Avant 1999, on avait craint qu'une surévaluation de l'euro bride les exportations et le dynamisme européen. Mais ce risque ne s'est pas concrétisé. L'euro s'est fortement déprécié vis-à-vis du dollar à partir du début de 1999, reflétant les écarts conjoncturels entre les deux zones et les sorties de capitaux de l'Europe vers les États-Unis. Les hésitations de la politique économique européenne, en particulier de sa coordination, ont aussi pesé sur le niveau de l'euro. Mais sa dépréciation a soutenu l'activité.

L'efficacité de la *politique budgétaire*, de façon générale, est accrue par l'atténuation de la contrainte extérieure de l'Europe. Mais les politiques budgétaires nationales sont encadrées par le Pacte de stabilité et de croissance élaboré au Conseil européen de Dublin en décembre 1996 et finalisé au Conseil d'Amsterdam de juin 1997. Une fois réalisés les critères du traité de Maastricht pour être éligible à l'euro, le Pacte de stabilité prolonge en effet le contrôle des politiques budgétaires des pays membres en cherchant à éviter les « déficits publics excessifs ». Un maximum de 3 % de déficit est prévu, sous peine de sanctions financières. Seule une récession forte peut justifier un déficit supérieur, considéré alors comme exceptionnel. Les États s'engagent à équilibrer leur situation budgétaire à moyen terme, voire à obtenir un excédent. Afin de ne pas dépasser 3 % de déficit, y compris en période de ralentissement ou de récession, lorsque le déficit conjoncturel se creuse, il faut fortement réduire le déficit total en période d'expansion. En d'autres termes, un surcroît de recettes fiscales qui découle de la croissance ne doit pas être utilisé pour accroître les dépenses publiques, mais pour réduire le déficit (et l'annuler à terme).

Avec le Pacte de stabilité, les pays européens renoncent à utiliser immédiatement leurs marges de manœuvre budgétaires, au nom de leur reconstitution future. À l'horizon 2004, les programmes de stabilité élaborés au printemps 2001 prévoyaient tous des excédents ou l'équilibre.

La question de la *combinaison des politiques monétaire et budgétaires* restait en débat. L'équilibre, qui avait réussi à la croissance américaine au début des années 1990, a consisté à combiner une politique monétaire expansionniste (par une baisse des taux d'intérêt nominaux jusqu'à l'annulation des taux réels), et un repli des déficits publics. Le *policy mix* européen, en Union monétaire, combine une politique monétaire unique et des politiques budgétaires menées nationalement, mais avec les contraintes du Pacte de stabilité. Le budget européen est par ailleurs trop faible pour être un instrument de coopération.

TABLEAU I.3. — SOLDES PUBLICS EN % DU PIB

Pays	1990	1993	1998	1999	2000 [1]		2001 [1]		2002	2003
					(1)	(2)	(1)	(2)		
Allemagne	– 2,1	– 3,2	– 2,2	– 1,5	+ 1,1	– 1,4	– 2,8	– 2,8	– 3,8	– 3,1
Autriche	– 2,2	– 4,1	– 2,4	– 2,3	– 1,5	– 1,9	+ 0,2	+ 0,2	– 1,8	– 1,6
Belgique	– 5,8	– 7,1	– 0,7	– 0,5	+ 0,1	+ 0,1	+ 0,4	+ 0,2	– 0,1	0
Danemark	– 1,5	– 2,7	+ 1,1	+ 3,1	+ 2,5	+ 2,5	+ 3,1	+ 2,9	+ 2,0	+ 2,0
Espagne	– 4,1	– 6,9	– 2,7	– 1,1	– 0,6	– 0,7	– 0,1	– 0,1	0	– 0,3
Finlande	+ 5,4	– 8,0	+ 1,3	+ 1,9	+ 7,0	+ 7,0	+ 4,9	+ 4,9	+ 3,6	+ 3,1
France	– 1,6	– 5,8	– 2,7	– 1,6	– 1,3	– 1,3	– 1,4	– 1,5	– 2,7	– 2,9
Grèce	–16,1	–13,8	– 2,5	– 1,9	– 1,8	– 1,8	– 1,2	– 1,7	– 1,3	– 1,1
Irlande	– 2,3	– 2,4	+ 2,4	+ 2,2	+ 4,4	+ 4,4	+ 1,5	+ 1,5	– 1,0	– 1,2
Italie	–11,0	– 9,6	– 2,8	– 1,8	– 0,5	– 1,7	– 2,2	– 2,2	– 2,4	– 2,2
Luxemb.	+ 5,0	+ 1,7	+ 3,1	+ 3,6	+ 5,6	+ 5,6	+ 6,1	+ 6,1	+ 0,5	– 1,8
Pays-Bas	– 5,1	– 3,2	– 0,8	+ 0,7	+ 2,2	+ 1,5	+ 0,1	+ 0,1	– 0,8	– 1,2
Portugal	– 5,5	– 6,1	– 2,6	– 2,4	– 2,9	– 3,2	– 4,1	– 4,1	– 3,4	– 2,9
RU	– 1,5	– 7,9	+ 0,2	+ 1,1	+ 4,0	+ 1,6	+ 0,7	+ 0,7	– 1,1	– 1,3
Suède	+ 4,2	–12,3	+ 1,9	+ 1,5	+ 3,7	+ 3,7	+ 4,8	+ 4,8	+ 1,4	+ 1,2
UE 15	– 3,6	– 6,4	– 1,6	– 0,7	+ 1,0	– 0,2	– 0,8	– 0,8	– 1,9	– 1,8
Zone euro			– 2,2	– 1,3	+ 0,1	– 1,0	– 1,5	– 1,5	– 2,3	– 2,1

1. Y compris (1) et hors (2) recettes exceptionnelles tirées de l'attribution des licences de téléphonie UMTS.

Source : Commission européenne, automne 2002.

Au début des années 2000 en Europe, le *policy mix* associait une politique budgétaire accommodante et une politique monétaire, qui, de détentes en resserrements, accompagnait avec prudence le profil de l'activité, plus qu'elle ne l'infléchissait. Aux difficultés spécifiques de la conduite de la politique monétaire, s'ajoutaient celles de la combinaison avec les politiques budgétaires. Les pays en forte croissance, voire en surchauffe, accumulant des excédents budgétaires et bénéficiant d'une politique monétaire expansive qui renforçait leur croissance, se voyaient recommander la conduite d'une politique budgétaire restrictive pour brider leur activité et leur inflation, alors qu'il étaient les plus performants du point de vue de respect des objectifs du Pacte de stabilité. La rupture de l'automne 2001 a accentué l'enjeu de ces débats, et conduit à la fin de 2002 à des revirements partiels.

La politique économique en état de chocs

La politique économique européenne fut déjà confrontée à des chocs, en 1998-99 (choc des pays émergents) et en 2000 (mini-choc pétrolier). Elle a été confrontée depuis 2001 à plusieurs chocs majeurs, à la fois en importance et en degré d'incertitude, combinant l'éclatement de la bulle technologique, les conséquences des attentats et le marasme boursier.

La BCE et la Fed ont réagi immédiatement après les attentats de septembre 2001, de concert, assurant le système de sa liquidité et abaissant les taux d'intérêt de 0,5 point, à 3,75 % en Europe et 3 % aux États-Unis. La Fed a continué de réduire ses taux à plusieurs reprises. Au total en 2001, les taux ont baissé de 4,75 points aux États-Unis et de 1,5 point en Europe (graphique 1 du chapitre IX). Ainsi, la réactivité de la BCE a été effective, mais plus modérée et plus lente que celle de la Fed. La BCE voulait ainsi témoigner de son indépendance, n'opérant pas, au moment où tout le monde l'anticipait, les baisses de taux attendues. Surtout, elle a mis en avant le maintien de l'inflation européenne un niveau supérieur à la cible de 2 % et l'insuffisance de l'effort de réduction des déficits publics, qui conduirait à terme à tendre les taux d'intérêt. C'est donc du côté de la combinaison avec les politiques budgétaires que la question est posée.

Les déficits publics s'étaient déjà dégradés en moyenne dans la zone euro en 2001. Les replis les plus importants se situaient dans les pays où la croissance s'était ralentie le plus. En Irlande et aux Pays-Bas, l'excédent s'était contracté mais les soldes restaient positifs et donc conformes aux objectifs du Pacte de stabilité. En revanche, au Portugal, en Allemagne et en Italie, le déficit atteignait respectivement 4,1 ; 2,8 et 2,2 % du PIB. En France, le déficit variait peu mais restait déficitaire (tableau I.3). Cela a suffi pour que, dès l'été 2001, ces pays aient été montrés du doigt comme ne disposant pas des marges de manœuvre nécessaires pour laisser jouer les stabilisateurs automatiques. Au contraire, Commission et BCE ont formulé des recommandations pour que l'effort de réduction des déficits soit intensifié.

Ainsi, la question de la réaction des politiques publiques s'est posée avec davantage d'acuité, à la fois du point de vue de la nature des objectifs retenus et des modalités de la coordination entre les pays. Maintenir les objectifs du Pacte de stabilité tels qu'ils étaient à l'horizon 2004 avant le choc ne pouvait que conduire à des politiques restrictives accentuant le repli d'activité. Renforcer la modération des dépenses et/ou suspendre les programmes de baisse d'impôts dans les trois grands pays de la zone ont amplifié le ralentissement. Face à un choc à la fois récessif et d'incertitude, seule l'annonce de mesures destinées à contrecarrer les effets négatifs du repli de la demande peut contribuer à redresser la croissance. Or les appels à l'orthodoxie budgétaire (maintenir les objectifs initiaux pour 2004) restaient de mise, même après la crise de septembre.

Quant à la coordination des politiques budgétaires, le moins que l'on puisse dire est que l'année 2002 a illustré davantage encore l'absence de cohérence des politiques nationales. L'Allemagne a infléchi sa politique budgétaire dans le sens d'un étalement des baisses d'impôts prévues. La France a à la fois maintenu les réductions d'impôts et annoncé quelques mesures de soutien à l'activité.

Hésitations de la politique monétaire et des politiques budgétaires nationales se sont donc combinées en un ensemble peu coopératif. Le *policy mix* s'est apparenté à celui du début de 1999, lors du choc des pays émergents, quand les responsables de la politique monétaire attendaient pour baisser les taux d'intérêts que les responsables des budgets nationaux affichent le maintien des objectifs de réduction des déficits, tandis que ceux-ci hésitaient à engager des programmes restrictifs tant que les charges d'intérêts n'étaient pas réduites. Mais le choc de l'époque était de bien moindre ampleur que l'actuel, et la vigueur du redémarrage asiatique et de la croissance américaine avaient vite effacé ce débat. Depuis 2001, l'enjeu d'un *policy mix* non coopératif est autrement plus important : le ralentissement économique a été plus durable et la remontée du chômage significative. La confirmation du tassement de la croissance en Europe en 2002 et le contexte électoral dans plusieurs pays ont remis sur le devant de la scène le débat sur les politiques monétaire et budgétaires.

La BCE a réduit sont taux d'intérêt d'un demi-point, à 2,75 %, en décembre 2002. La Fed avait, en novembre, abaissé le sien d'un demi-point également, à 1,25 % (soit – 1 % en termes réels), en réponse aux mauvais résultats du troisième trimestre.

Au plan budgétaire, le débat s'est intensifié en Europe, soit parce que des pays comme l'Allemagne dépassent la barre d'un déficit de 3 %, soit parce que des engagements électoraux ont conduit certains gouvernements, comme en France, à retarder l'obtention d'un équilibre des comptes publics à moyen terme et à maintenir à court terme, voire intensifier, les programmes de baisses d'impôts. Les polémiques se sont précipitées : la Commission a engagé des procédures de recommandations, d'avertissements et de sanctions. Certains pays ont reporté à 2006 au lieu de 2004 les objectifs d'équilibre, voire prévu le maintien d'un déficit (en France par exemple, de – 0,5 à – 1 % selon l'hypothèse de croissance), parfois affiché leur volonté de laisser jouer à court terme les stabilisateurs automatiques en fondant les projets de budgets pour 2003 sur une croissance soutenue et en conditionnant la réduction du déficit à la réalisation de cette croissance. Ces polémiques ont débouché sur la mise en cause des modalités mêmes du Pacte de stabilité, à savoir la prise en compte du déficit total comme objectif : la référence au seul déficit structurel, voire au déficit structurel hors investissement, est désormais l'objet d'un débat au sein de l'Union européenne. Le chapitre IX du présent ouvrage en détaille les termes et les implications.

Ces débats de politique économique sont essentiels car l'on sait depuis longtemps combien, dans un contexte conjoncturel de montée des risques et d'anticipations défavorables, il est important que les autorités publiques réduisent l'incertitude et montrent leur volonté de soutenir les demandes intérieures.

Les contraintes de la croissance

La crise actuelle n'est pas encore de nature à mettre en cause les perspectives favorables à moyen terme qui s'exprimaient au début des années 2000. À court terme, une bonne part dépend de la réaction des politiques économiques. À moyen terme, la croissance potentielle de l'Europe n'a pas chuté du seul fait des évènements de 2001 et 2002. Si des illusions ont pu être entretenues sur les TIC, il n'en reste pas moins que le potentiel américain et européen s'est élevé grâce aux nouvelles technologies. Le moyen terme ne peut être analysé sous le seul prisme du présent.

Un rapide retour sur la croissance des années passées est donc nécessaire pour situer les conditions de la croissance européenne et française. Contrainte extérieure et contrainte de débouchés ont longtemps bridé la croissance. Lorsque celle-ci s'accélérait, le danger d'une contrainte d'offre était brandi. Désormais, les conditions productives d'une croissance soutenue existent, mais la contrainte financière peut la mettre en cause.

Les années 1970 : une rupture

Le rythme de la croissance s'est rompu au milieu des années 1970 sous l'effet combiné du choc pétrolier (1973-74), de la crise du système monétaire international (1971-73) et de la tendance au ralentissement des gains de productivité. La plupart des pays de l'OCDE ont, dès lors, connu un ralentissement de leur croissance, que des politiques successives de relance n'ont pas suffi à restaurer. L'économie française est passée d'un rythme de croissance de 5,8 % en moyenne par an de 1960 à 1973, à un rythme de 2,8 % de 1974 à 1979. La montée du chômage en a résulté. Après le second choc pétrolier (1979-80), les pays de l'OCDE ont progressivement basculé vers des politiques restrictives, la priorité étant donnée à la lutte contre l'inflation au détriment de la croissance.

Les années 1980 : contrainte extérieure puis de débouchés

La croissance de l'économie française fut, jusqu'au milieu des années 1980, limitée par la contrainte extérieure commerciale. La gauche élue en 1981 a conduit une politique de relance économique, dans l'espoir de réduire le chômage. Cette relance isolée, alors que tous les autres pays menaient des politiques restrictives, a buté sur la contrainte extérieure, c'est-à-dire le creusement des déficits commerciaux et des paiements courants. Pour s'en affranchir et pour restaurer la rentabilité des entreprises, la France a adopté dès 1982-1983 une stratégie de désinflation compétitive qui accentuait le freinage de la demande interne. En France, le partage du revenu, de plus en plus favorable aux entreprises depuis le milieu des années 1980, était une garantie pour l'investissement, puisque les entreprises disposaient dès lors de moyens financiers. Mais c'était aussi un risque, car, si les revenus des ménages croissent trop lentement, des contraintes de débouchés apparaissent, qui limitent la croissance.

Au milieu des années 1980, le contre-choc pétrolier de 1985-1986 stimula la croissance mondiale et plaça l'économie française dans une situation particulièrement favorable : les efforts passés de baisse des coûts (les salaires réels évoluaient moins vite que la productivité du travail) avaient amélioré la compétitivité, alors que la demande interne restait encore relativement dynamique. Les effets décalés du contre-choc pétrolier, des facilités monétaires puis l'unification allemande ont amplifié la reprise de 1987-1990. La croissance moyenne a presque atteint 4 % en Europe et les a dépassés en France.

Les années 1990 : une politique inadaptée

La récession de 1992-1993, liée à la montée des taux d'intérêt et au ralentissement de l'économie européenne a entraîné une forte hausse du chômage, qui fut la cause d'un nouveau ralentissement des hausses de salaires. Après la récession, le potentiel de hausse de la demande des ménages est resté en retrait, alors que celui des administrations publiques a été contraint par le déficit accumulé. Les perspectives de croissance apparaissaient dès lors limitées. Le cycle de croissance de 1994-1995 a été prématurément interrompu et s'est avéré, en Europe et en France, plus court et moins ample que celui de 1987-1990, alors que le creux de 1992-1993 a été très prononcé.

Durant cette période, les contraintes d'offre apparaissaient secondaires : le niveau élevé de la part des profits permettait aux entreprises un financement aisé des investissements ; on avait ainsi basculé du côté d'une insuffisance structurelle de demande, sur la lancée des évolutions passées qui visaient à réduire ces contraintes par la baisse de la part des salaires dans la valeur ajoutée. La contrainte extérieure avait disparu, pour sa composante commerciale. Les configurations des balances des paiements se sont profondément modifiées en Europe. La France est redevenue excédentaire à partir de 1992 après de longues périodes de déficit. C'est en parfaite symétrie avec 1982 : la relance à contre-courant, effectuée dans une situation de déficit structurel, avait creusé ce dernier au point de contraindre au revirement de politique économique ; dans les années 1990, la croissance économique en deçà du potentiel d'activité a provoqué l'effet inverse de gonflement du surplus.

La gestion de l'économie française et de l'économie européenne était ainsi confrontée à un paradoxe d'un nouveau type dans les années 1990. Les structures économiques étaient saines ; les entreprises étaient sans doute prêtes pour un développement rapide des capacités d'offre dont la rentabilité à long terme paraissait satisfaisante et le financement à court terme relativement aisé ; l'inflation était faible. La machine était donc en bien meilleur état de marche qu'au début des années 1980. Mais ces années 1990 ont été caractérisées par des politiques économiques européennes inadaptées. Après la récession de 1992-1993, la reprise de 1994-1995 s'est interrompue parce que le contexte mondial n'était pas favorable à l'Europe (la baisse du dollar avait entamé la compétitivité), mais aussi parce que les politiques économiques européennes ont été globalement restrictives, comme on l'a vu plus haut. D'où le décalage important entre les croissances américaine et européenne.

La fin des années 2000 : une contrainte d'offre ?

Après trois de reprise, de 1997 à 2000, on a beaucoup parlé de contraintes d'offre, c'est-à-dire de facteurs limitant la poursuite de la croissance du fait d'indisponibilités du côté de l'appareil de production et/ou du marché du travail.

Du côté de l'appareil de production, on a effectivement constaté une hausse importante du taux d'utilisation des capacités. La hausse des investissements, pourtant soutenue, et l'utilisation plus intensive des équipements disponibles ne suffisaient donc pas à lever les tensions. Mais on était loin du blocage de la croissance, car les perspectives d'investissements étaient élevées et pouvaient résoudre le déséquilibre offre-demande. Incitations à investir et moyens financiers existaient.

Du côté du marché du travail, il était fréquent d'évoquer les pénuries. Mais si les insuffisances de main-d'œuvre hautement qualifiée étaient effectives, ailleurs se mêlaient, derrière la difficulté à embaucher, des phénomènes qui résultaient de l'inadéquation du système de formation, des pratiques salariales héritées du passé et de l'exclusion due aux années de chômage de masse, qui avaient marginalisé de nombreux actifs. Ceux qui parvenaient néanmoins à trouver un emploi acceptaient un salaire inférieur à celui de leur qualification. Le retour à une phase de créations d'emplois n'a mis en lumière que les inadaptations du passé. Le taux de chômage était encore de 9 % en France. Et l'expérience américaine avait montré que l'évaluation du taux de chômage d'équilibre (NAIRU, taux de chômage non accélérateur d'inflation) avait baissé au fur et à mesure que la réalité en approchait, la croissance potentielle étant révisée en hausse au fil des années de croissance effective.

Que la production ait pu être freinée, faute d'équipements ou de main-d'œuvre, était donc peu crédible, même si ce débat a fait couler beaucoup d'encre en 2000. À moins de considérer qu'une croissance de 3 % est une barre fatidique que la France et l'Europe ne peuvent franchir durablement. Le ralentissement de 2001 a relégué ce débat, momentanément. Mais nul doute qu'il resurgira lors d'un prochain cycle de reprise.

La remontée du sous-emploi

Partout en Europe, dans le contexte de faible croissance, le chômage est remonté. En septembre 2002, le taux de chômage atteignait 8,8 % en France et 8,3 % en Europe.

Si de 1997 à 2001, le taux de chômage avait baissé de 3,9 points en France et de 3,1 points dans la zone euro, grâce à la croissance et à l'amélioration de son contenu en emplois, il restait élevé : 8,5 % en France et 8,3 % dans la zone euro en août 2001. Les ruptures sociales existantes, issues d'un fort taux de chômage, d'un faible taux d'emploi et d'une forte hausse de l'emploi précaire, étaient donc loin d'être résolues.

Avec la remontée récente, de nouveau réapparaîtra l'idée que le déséquilibre du marché du travail se résoudra par les évolutions démographiques, puisque la population en âge de travailler, qui augmentait fortement ces dernières années, ralentira puis baissera avec l'arrivée à l'âge de la retraite des générations du *baby-boom* et le ralentissement des entrées. Mais une baisse significative du chômage ne peut être obtenue que par une accélération de la croissance, non par une baisse du nombre des actifs.

À court terme peuvent s'y substituer des politique actives du marché du travail, pour éviter que la pauvreté et l'exclusion ne s'élèvent à nouveau. Mais le passé a bien montré comment la croissance était seule garante d'un repli durable du chômage.

De plus, une amélioration effective du marché du travail concerne non seulement le taux de chômage mais aussi le taux d'emploi et le sous-emploi. Dans l'amélioration passée du contenu en emplois de la croissance, il n'y a pas que le développement du tertiaire ou un début de partage coopératif du temps de travail, mais aussi un partage inégalitaire par le temps partiel contraint et une montée de l'emploi précaire. La part des emplois à durée déterminée et de l'intérim, même si elle a un peu reculé de 1997 à 2001 dans la phase de reprise, constitue désormais une donnée structurelle du marché du travail. La sortie de l'inactivité se fait souvent par des CDD, qui ne permettent pas toujours la sortie de la précarité.

La pauvreté demeure même pour ceux qui ont des revenus supérieurs aux minima sociaux, mais inférieurs au SMIC. Lors du ralentissement de 2001, les emplois précaires, surtout intérimaires, ont été rapidement réduits, puisque l'objectif de ces formes d'emplois est d'accroître la flexibilité du marché du travail. Le débat sur les conditions du retour au plein-emploi prend donc de nouveau une acuité particulière.

Bibliographie

FITOUSSI J.-P et LE CACHEUX J. (dir), *Rapport sur l'état de l'Union européenne*, Fayard et Presses de Sciences Po, édition annuelle.

OFCE, « Perspectives pour 2002-2003 », *Revue de l'OFCE*, n° 83, octobre 2002.

Rapport économique, social et financier, ministère de l'Économie, des Finances et de l'Industrie, Imprimerie nationale, octobre 2002.

II / Les ménages

Valérie Chauvin

La politique budgétaire a soutenu le revenu

En 2002, le ralentissement de l'activité a été répercuté sur la masse salariale, si bien que le revenu des ménages a nettement ralenti, malgré le soutien de la politique budgétaire. De 1998 à 2001, le pouvoir d'achat du revenu disponible brut des ménages avait crû à un rythme moyen annualisé de 2,9 %, une performance remarquable tant au regard des évolutions économiques passées en France que par rapport à celles observées en Allemagne et en Italie sur la même période. Cette évolution était cohérente avec la croissance en 1998 et 1999, mais elle a résulté d'un partage de la valeur ajoutée nettement favorable aux salariés, au détriment des entreprises, en 2000 et 2001.

De 1997 à 2001, la masse salariale en euros constants a crû à un rythme comparable à celui de la précédente phase de reprise à la fin des années 1980 (graphique II.1). Cette croissance a été essentiellement due aux créations d'emplois. Par la suite, les entreprises ont ajusté l'emploi au ralentissement de l'activité plus tardivement que lors des précédents cycles. La réduction du temps de travail a conduit à un partage de la masse salariale plus favorable à l'emploi qu'aux gains de pouvoir d'achat individuels.

Les salaires individuels ont en conséquence connu une évolution atypique. De 1997 à 2000, les salaires par tête exprimés aux prix courants n'ont pas accéléré et ils n'ont progressé que de 2,6 % environ par an depuis 1999 contrairement aux précédentes phases de forte croissance (6 % en 1990, le précédent pic de croissance), et malgré une baisse extrêmement rapide du taux de chômage. Les accords de 35 heures qui comportaient souvent une clause de modération salariale ont certainement contribué à cette évolution. L'accélération des prix depuis 2000, due à la hausse du prix du pétrole et nourrie ensuite par la hausse des prix alimentaires, a été répercutée avec retard dans les salaires qui n'ont que peu ralenti en 2001 et 2002.

GRAPHIQUE II.1. — MASSE SALARIALE, EMPLOI ET SALAIRES

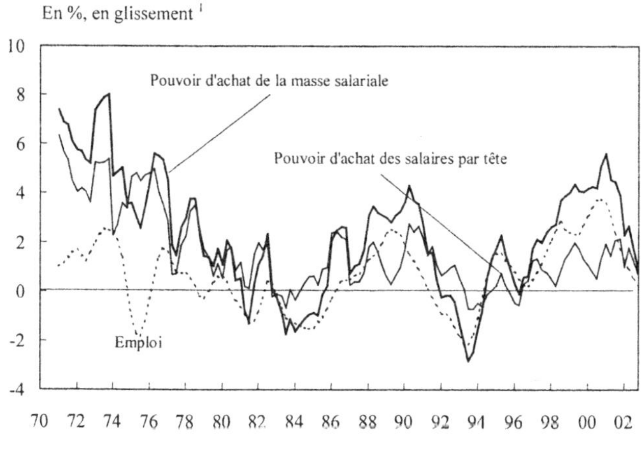

1. Évolution au cours des quatre trimestres précédents.

Source : INSEE, comptes nationaux.

La contribution des mesures budgétaires et sociales au pouvoir d'achat des ménages a été assez fortement négative de 1996 à 2000, à l'exception de 1997, sous l'effet conjugué d'un moindre dynamisme des prestations sociales (hors prestations de santé, dont la plus grande partie n'est plus comptabilisée dans le compte des ménages mais dans les dépenses de consommation des administrations) et des progressions d'impôts jusqu'en 1999 (graphique II.2). Les années 2001 et surtout 2002 ont été plus favorables aux ménages. Les prestations sociales ont légèrement accéléré après le ralentissement imposé par le plan Juppé. Elles n'ont cependant pas retrouvé leur rythme de croissance d'environ 4 % des années 1992 et 1993, qui avaient été marquées par une forte progression des prestations chômage et l'introduction de l'allocation pour jeune enfant. La baisse du chômage a diminué les prestations correspondantes. Les prestations vieillesse ont poursuivi leur progression. En 2000 et 2001, ces prestations ont subi une perte de pouvoir d'achat due à une indexation retardée sur les prix à la consommation.

GRAPHIQUE II.2. — REVENU DES MÉNAGES EN MONNAIE CONSTANTE

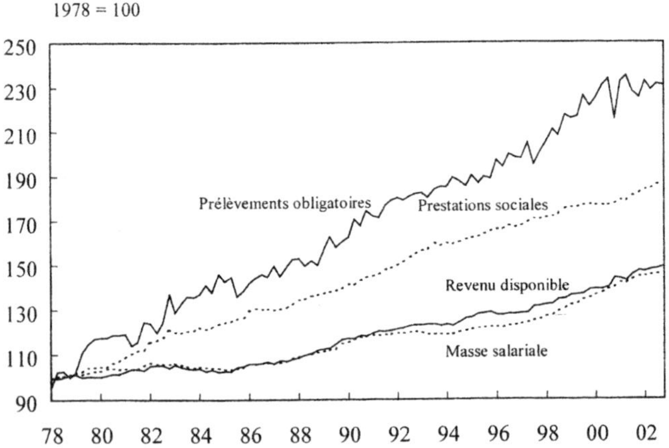

Source : INSEE, comptes nationaux.

De 2000 à 2002, les ménages ont bénéficié de réductions d'impôts (tableau II.1). Les prélèvements obligatoires pesant sur le revenu des ménages avaient fortement progressé de 1996 à 1999, du fait des hausses des taux d'imposition en 1996 (plan Juppé notamment), puis du fait du regain d'activité à partir de 1998. En effet, le décalage entre la perception du revenu et le paiement de certains impôts a abouti à un alourdissement du taux de prélèvements obligatoires sur les ménages en 1998 et 1999.

TABLEAU II.1. — COMPOSANTES DU REVENU DISPONIBLE BRUT (RDB) EN MONNAIE CONSTANTE

Taux de croissance en moyenne annuelle (en %)

	1978-1987	1987-1997	1999	2000	2001	2002
Salaires bruts par tête	0,5	0,7	1,8	0,7	1,2	1,0
Effectifs salariés	0,4	0,7	2,1	2,8	2,3	0,9
Salaires bruts (60)	0,9	1,4	4,0	3,5	3,5	1,9
Dont : Salaires nets (50)	0,2	1,2	3,9	3,6	3,7	1,8
Cotisations (10)	5,8	2,4	4,2	3,0	2,3	2,1
Excédent d'exploitation (24)	0,5	1,4	1,0	2,7	2,0	1,8
Prestations sociales (32)	3,2	2,4	2,1	0,3	1,9	2,8
Impôts directs (– 15)	3,9	3,1	4,9	2,5	1,2	– 0,9
Prélèvements directs [1] (– 25)	4,8	3,0	4,5	2,8	1,7	0,4
Pouvoir d'achat du RDB	1,1	1,9	2,7	2,5	3,1	2,2

1. Impôt sur le revenu, impôt sur la fortune, CSG, contribution au remboursement de la dette sociale, cotisations sociales des salariés et non-salariés.
Les chiffres entre parenthèses indiquent la part du poste en % du RDB en 1999.

Sources : INSEE, comptes nationaux ; estimations OFCE.

La consommation a amorti le ralentissement d'activité

Le ralentissement du revenu disponible des ménages en 2002 a pesé sur la consommation : après avoir progressé en moyenne annuelle de 3 % de 1998 à 2001, elle n'a crû que de 1,6 % en 2002. Cependant, celle-ci reste bien plus dynamique qu'en Allemagne ou en Italie (graphique II.3). Le creux conjoncturel a été amorti en France par la solidité de la consommation.

Les achats de biens durables, tels que l'automobile, ont fortement contribué au dynamisme passé de la consommation totale. Ils sont habituellement plus volatils qu'elle. Un tel achat peut être reporté, de sorte que les reprises économiques entraînent un fort rebond des dépenses grâce à l'accélération des revenus et au retour de la confiance. Cette évolution habituelle peut être perturbée par des mesures particulières, comme les primes à la casse.

GRAPHIQUE II.3. — CONSOMMATION DES MÉNAGES

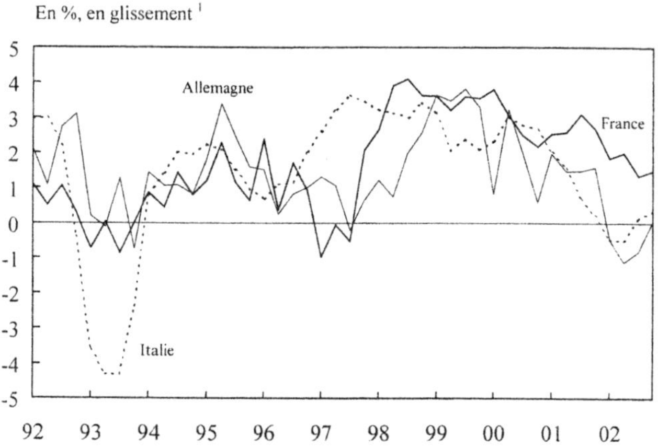

1. Évolution au cours des quatre trimestres précédents.

Sources : INSEE, ISTAT, Statistisches Bundesamt, comptes nationaux.

La consommation dépend du revenu et des comportements (graphique II.4). La consommation étant plus inerte que le revenu, une accélération du pouvoir d'achat amène à court terme une hausse du taux d'épargne et inversement. À plus long terme, une hausse des revenus d'activité entraîne aussi une hausse de l'épargne, par exemple afin de constituer un patrimoine. Par ailleurs, les incertitudes concernant le chômage et le niveau futur des retraites peuvent conduire à un comportement d'épargne de précaution : la baisse du pouvoir d'achat du revenu s'accompagne alors d'une hausse du taux d'épargne. Du fait de l'inertie de la consommation, le dynamisme du revenu disponible n'a pas permis une baisse du taux d'épargne des ménages français de 1998 à 2001. Celui-ci reste à un niveau élevé en 2002, ce qui est surprenant car la confiance des ménages reste bonne et la décrue du chômage a été forte.

GRAPHIQUE II.4. — TAUX D'ÉPARGNE DES MÉNAGES

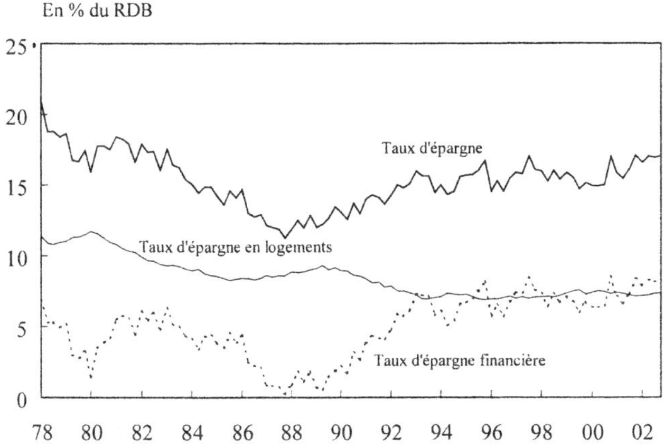

Source : INSEE, comptes nationaux.

Depuis 2000, le taux d'endettement des ménages (ratio entre l'encours des crédits et le revenu) s'est stabilisé après avoir connu une forte progression de 2,5 points entre les premiers trimestres de 1999 et 2000. La progression des crédits reste dynamique malgré l'assombrissement des perspectives de revenu. Le poids des versements d'intérêts dans le revenu a fortement chuté depuis 1993, où les mensualités avaient atteint un niveau difficilement soutenable. Les ménages, s'étant désendettés, tirent désormais parti du niveau modéré des taux d'intérêt pour contracter de nouveaux crédits y compris en 2002. En France, cet effet des taux d'intérêt sur la consommation des ménages est récent : il date de la déréglementation financière.

L'investissement immobilier est resté élevé

Malgré les incertitudes sur les revenus futurs, l'investissement en logements est resté à un haut niveau en 2001 et 2002, soutenu par le maintien de la confiance des ménages à un niveau élevé compte tenu de l'évolution de l'activité économique, le niveau bas des taux des prêts à l'habitat et la reprise des prix de l'immobilier. Celui-ci avait fortement souffert pendant la crise immobilière des premières années 1990. Au deuxième trimestre 1999, les ventes de logements neufs ont dépassé les niveaux de 1990. Et le marché reste tendu (graphique II.5) : le stock de logements neufs invendus est extrêmement bas, les prix ont rebondi, le rapport entre l'encours des crédits à l'habitat accordés aux ménages et leur revenu reste soutenable. Aussi, l'activité n'a pas baissé.

GRAPHIQUE II.5. — COMMERCIALISATION DES LOGEMENTS [1]

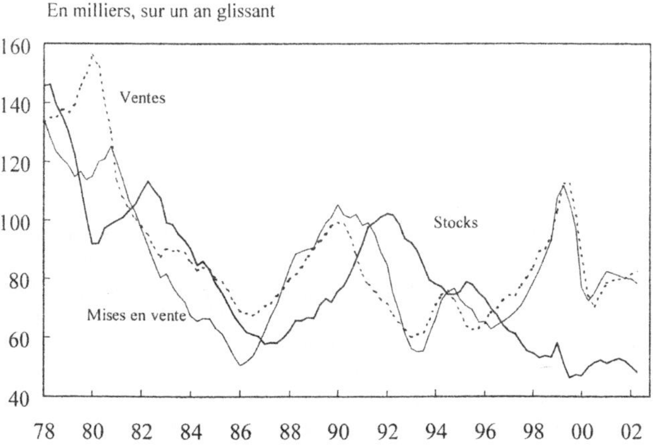

1. Logements neufs, individuels et collectifs.

Source : ministère de l'Équipement.

Par conséquent, on pourrait assister à une progression de la proportion des ménages propriétaires ; cette proportion avait stagné depuis la fin des années 1980 du fait de la conjonction de mauvaises conditions du marché du logement et du ralentissement du pouvoir d'achat du revenu.

Bibliographie

HERPIN H. et VERGER D., *La Consommation des Français*, La Découverte, coll. « Repères », Paris, nouvelle édition 2000.

INSEE, DAEI, DGUHC, « Les comptes du logement, édition 2000 », *INSEE Synthèses*, n° 44-45, octobre 2000. Téléchargeable sur Internet sur le site du ministère du Logement.

LOUVOT-RUVANOT C., « Le logement dans l'Union européenne, la propriété prend le pas sur la location », *Économie et Statistique*, n° 343, 2001-3.

RASOLOFOARISON J. et SEROUSSI G., « Les salaires dans les entreprises en 2000, des salaires horaires toujours dynamiques », *INSEE Première*, n° 833, mars 2002.

RIGNOLS E., « La consommation des ménages en 2001, une hausse toujours soutenue », *INSEE Première*, n° 853, juin 2002.

VILLIEU P., *Macroéconomie : consommation et épargne*, La Découverte, coll. « Repères », Paris, nouvelle édition, 2002.

III / L'investissement des entreprises

Hervé Péléraux

Depuis deux ans, l'investissement des entreprises a stagné. Les années 2001 et 2002 ont ainsi interrompu quatre années de forte reprise durant lesquelles les dépenses avaient crû de presque 9 % l'an (graphique III.1).

GRAPHIQUE III.1. — INVESTISSEMENT DES ENTREPRISES EN VOLUME

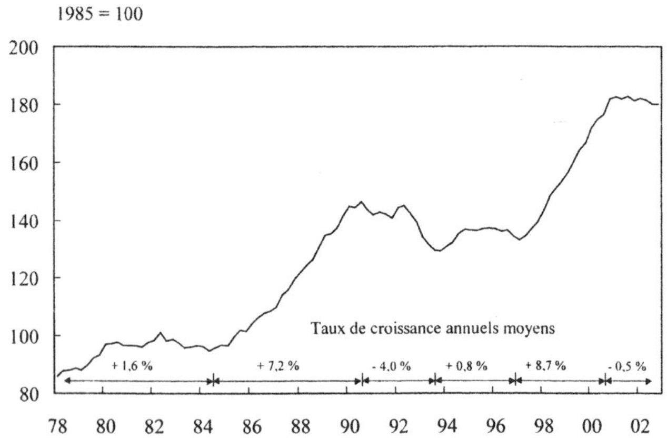

Sources : INSEE, comptes nationaux ; calculs OFCE.

Le ralentissement d'activité, engagé au début de l'année 2001, ne s'est pas traduit par un net recul de l'investissement, mais plutôt par un palier, à la différence des autres grands pays. Le cycle paraît donc moins marqué, en France, que lors de la première moitié des années 1990.

L'investissement est modérément touché par le ralentissement

Les différentes composantes de l'investissement ne font habituellement pas preuve du même comportement au cours des cycles (tableau III.1). Les achats de biens d'équipement traditionnels et de matériels de transport avaient été les plus dynamiques en 1997-2000, rattrapant puis dépassant le retard pris dans la première moitié de la décennie. Après l'ajustement brutal de la période 1990-1993, les entreprises avaient en effet engagé dès 1994 le renouvellement et la modernisation des équipements hérités du cycle d'accumulation de la seconde moitié des années 1980. Puis elles ont effectué les investissements d'extension des capacités rendus nécessaires par la reprise de l'activité en 1997. Le ralentissement engagé en 2001 a stoppé ce mouvement.

En revanche, les dépenses en produits de la construction ont enregistré des évolutions désynchronisées. Le cycle de l'investissement en bâtiments suit généralement avec retard le cycle des dépenses en matériels : davantage lié à l'extension des capacités, la décision de construire n'est prise que lorsque les entreprises sont assurées du caractère durable de la croissance des débouchés. Le cycle de l'immobilier de bureaux a, d'autre part, ses caractéristiques propres. Ainsi, les investissements en bâtiment ont entamé leur redressement en 1998 seulement.

TABLEAU III.1. — TAUX DE CROISSANCE ANNUEL MOYEN DE L'INVESTISSEMENT DES ENTREPRISES PAR PRODUITS

En %, volume

	1985-1990	1990-1993	1994-1996	1997-2000	2001-2002
Biens d'équipement	8,3	– 4,9	5,4	9,3	0,8
Construction	6,1	– 0,6	– 6,1	0,4	2,7
Matériels de transport	9,1	– 7,3	7,7	12,1	2,2
Ensemble	7,7	– 3,3	1,2	6,7	1,3

Sources : INSEE, comptes nationaux ; estimations OFCE.

La fièvre de la « nouvelle économie » n'a pas touché l'Europe et la France de manière aussi aiguë que les États-Unis. Néanmoins, le Vieux Continent a investi de façon importante dans les technologies de l'information et de la communication. En France, l'investissement dans les TIC représentait 14 % de l'investissement en 2001, contre 6 % en 1980 (graphique III.2). Aux États-Unis, cette part est double, mais l'écart avec la France est resté stable. En termes de croissance de l'investissement en TIC, la France est donc parvenue à suivre les États-Unis même si son retard est loin d'être comblé.

L'éclatement de la bulle technologique, entamé aux États-Unis en 2000, n'a pas épargné l'Europe. La chute des valorisations boursières de ces secteurs fait écho aux excès passés des marchés financiers, mais la contraction de leurs marchés réels témoigne aussi de ce que la demande des utilisateurs en investissement de technologie s'est amoindrie. Néanmoins, les comptes nationaux ne décrivent pas, jusqu'à 2001, un effondrement des investissements à l'image de celui des cours de Bourse, même si certains secteurs ou certaines grandes entreprises ont été spectaculairement affectés par le ralentissement.

GRAPHIQUE III.2. — PART DES INVESTISSEMENTS EN TECHNOLOGIE DANS L'INVESTISSEMENT TOTAL

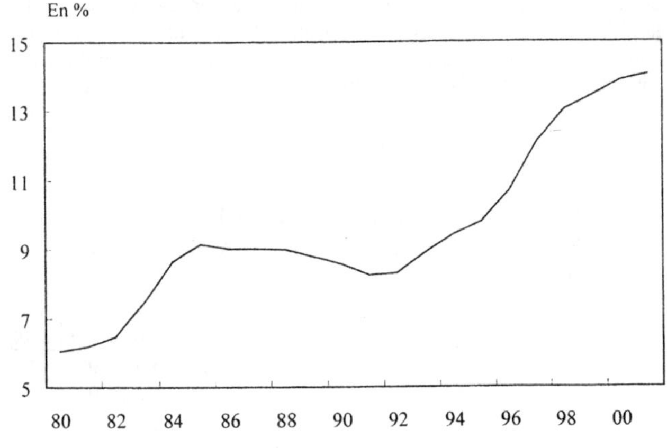

Sources : INSEE, comptes nationaux ; calculs OFCE.

Une spécificité française en trompe-l'œil

Une entreprise investit pour remplacer ses équipements obsolètes, pour moderniser ses procédés de production et, enfin, pour augmenter sa capacité de production. Cependant, le volume des équipements disponibles est très inerte à court terme. D'abord, la décision d'investir, qui engage plusieurs années, n'est prise que quand la croissance des débouchés est assurée. Ensuite, le temps d'installation et de rodage des équipements introduit un autre délai entre l'investissement et la croissance effective de la capacité de production. À stock d'équipements fixe à court terme, les entreprises ajustent les capacités de production au niveau désiré en modulant le taux d'utilisation du capital.

La vigueur de l'investissement dans la seconde moitié des années 1980 avait entraîné une croissance rapide du stock de capital, mais la capacité de production n'a pu s'élever au même rythme que la production. Le taux d'utilisation des capacités s'est donc élevé fortement (graphique III.3). En 1990, à la fin de la période de croissance, les tensions sur l'appareil productif étaient très élevées.

GRAPHIQUE III.3. — TAUX D'UTILISATION DES CAPACITÉS DE PRODUCTION DANS L'INDUSTRIE

En %, centré-réduit

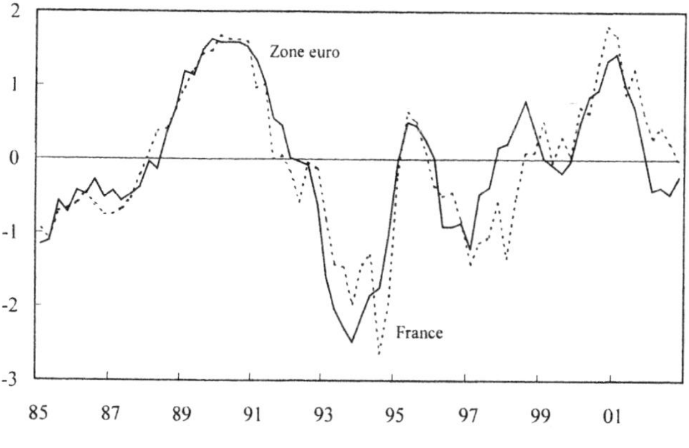

Source : Commission européenne.

L'entrée en phase de ralentissement, puis en récession en 1993, appelait des ajustements symétriques : affaissement de l'investissement, pour ralentir la croissance du stock de capital, recul du taux d'utilisation. Après la récession, la remontée du taux d'utilisation a été marquée par les paliers conjoncturels successifs pour rejoindre finalement, en 2000, le record de 1990. Depuis, le taux d'utilisation s'est replié, mais demeure supérieur à la moyenne européenne depuis deux ans.

Dans le même temps, alors qu'à partir de 2001 les entreprises dans les grands pays industrialisés ont entrepris une correction drastique de leur investissement, celui des entreprises françaises est resté stable à haut niveau. La conjonction de ces deux phénomènes peut laisser penser que la France était plus contrainte que les autres pays par ses capacités de production, ce qui a limité l'ajustement de l'investissement.

Cette spécificité française est toutefois difficilement compatible avec les principaux déterminants de l'investissement, qui jouent dans le sens d'une correction plus forte en 2001 et 2002 : dégradation des marges d'exploitation, moindre recours au crédit, perspectives de demande intérieure et extérieure déprimées. Par ailleurs, l'arrêt du déstockage au premier semestre 2002 n'apparaît pas dans les comptes trimestriels, alors qu'il s'est produit dans les autres grands pays où la correction de l'investissement a été forte. Cette particularité des entreprises françaises — investissement plus élevé et déstockage plus ample — est peut-être due à une imprécision des comptes nationaux provisoires relativement au partage entre investissement et stocks. Dès lors, des révisions substantielles sont possibles. En révisant en baisse l'investissement au profit des variations de stocks, les comptes décriraient un comportement d'accumulation des entreprises françaises plus en phase avec celui de leurs homologues étrangères.

Dégradation des conditions de financement

L'évolution de l'investissement dépend des débouchés ainsi que du progrès technique, mais aussi de la capacité qu'ont les entreprises à le financer. La forte croissance de l'investissement dans la seconde moitié de la décennie 1980 s'était inscrite dans un contexte d'amélioration notable de la situation financière des entreprises : la politique de rigueur menée à partir de 1983 et le faible niveau de l'emploi, en contenant la progression de la masse salariale, avaient favorisé le redressement des marges et du taux d'autofinancement (graphique III.4). L'accumulation des profits entre 1983 et 1985 a permis de financer la reprise des dépenses à partir de 1985.

GRAPHIQUE III.4. — TAUX D'AUTOFINANCEMENT DES SOCIÉTÉS
(Épargne brute/investissement)

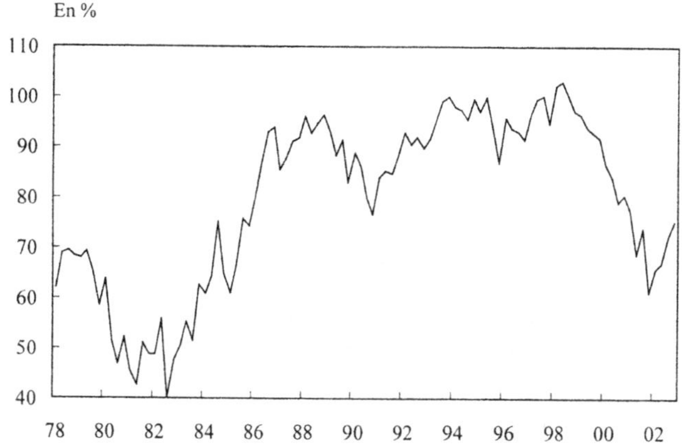

Source : INSEE, comptes nationaux.

La remontée des profits s'est poursuivie et les entreprises ont pu financer leurs investissements en limitant la progression du poids de la dette grâce aux marges de financement dégagées. La décennie 1990 s'est ouverte sur un ralentissement de la croissance de l'activité, en France comme à l'étranger. Le poids de l'endettement s'est rapidement accru, et les entreprises ont freiné les dépenses pour assainir leurs bilans. L'investissement entrait en phase de blocage.

Dans un contexte où la politique monétaire était inadaptée, la pause des investissements s'est transformée en récession en 1992-1993. En effet, la hausse des taux nominaux (jusqu'à 10 % en 1992), puis leur rigidité à la baisse, conjuguées à la désinflation, ont conduit à une situation de taux d'intérêt réels durablement élevés. Celle-ci a pénalisé les entreprises, structurellement débitrices, qui ont réagi en se désendettant par la compression de leurs dépenses. Elle a aussi entamé la profitabilité du capital physique mis en œuvre, et par là, a incité les entreprises à détourner leurs ressources de l'investissement vers les placements financiers plus rémunérateurs.

Après la récession de 1993, la politique monétaire s'est assouplie, le recul des taux nominaux entraînant celui des taux réels. Les arbitrages financiers sont donc devenus moins défavorables à l'investissement et ont incité les entreprises à engager la modernisation des équipements, différée pendant la phase de blocage. Puis l'investissement s'est sensiblement accéléré à partir de 1997, entraînant un net recul du taux d'autofinancement à partir de 1999 et une remontée de l'endettement. Les taux d'intérêt nominaux supportés par les entreprises, de l'ordre de 5 %, sont toutefois moitié moindres que ceux enregistrés au début de la décennie 1990.

La situation des entreprises s'est détériorée depuis le début de l'année 2001. Malgré le ralentissement de l'activité, les entreprises n'ont pas ajusté immédiatement l'emploi, qui réagit habituellement avec retard aux stimuli de la production. Cette situation a dégradé la productivité du travail et a alourdi les coûts salariaux. La part des profits dans la valeur ajoutée a ainsi reculé de deux points en 2001 et est restée à bas niveau en 2002.

Le recul des profits a accentué la baisse du taux d'autofinancement en 2001 et au début de 2002. Ce recul est probablement surestimé dès lors que l'ajustement de l'investissement aurait été plus ample que celui décrit par les comptes nationaux. Mais les entreprises subissent de nouveau une contrainte d'endettement. Cette contrainte reste toutefois limitée, grâce au bas niveau des taux d'intérêt. L'assainissement des bilans devrait donc avoir des conséquences moins dévastatrices que dans la première moitié des années 1990.

Bibliographie

CENTRE D'OBSERVATION ÉCONOMIQUE, « Investissement et situation financière des entreprises », n° 434, mars 2001.

HEYER É. et PÉLÉRAUX H., « Reprise sous tension », *Lettre de l'OFCE*, n° 175, mai 1998.

INSEE., « L'investissement et le financement des entreprises », *Économie et Statistique*, n° 341-342, février 1999.

QUIGNON L., « La situation financière des entreprises françaises », *Conjoncture BNP-Paribas*, n° 4, avril 2002.

VILLIEU P., *Macroéconomie : l'investissement »*, La Découverte, coll. « Repères », Paris, 2000.

IV / Le commerce extérieur

Éric Heyer

En 2002, le solde des échanges de biens et services FAB-FAB a connu une nette progression, en s'établissant à près 30 milliards d'euros après 25,1 milliards en 2001 et 18,9 milliards en 2000 (graphique IV.1). À l'instar de celui enregistré en 2001, l'excédent commercial de 2002 s'est réalisé dans un contexte de fort ralentissement des échanges commerciaux : le redressement du solde extérieur résulte d'un repli plus marqué des importations (0,2 % en 2002 et 0,8 % en 2001 contre 15 % en 2000) que des exportations (0,6 % et 1,5 % contre 13,6 %).

GRAPHIQUE IV.1. — ÉCHANGES EXTÉRIEURS DE BIENS ET SERVICES

En milliards d'euros, CVS, FAB/FAB

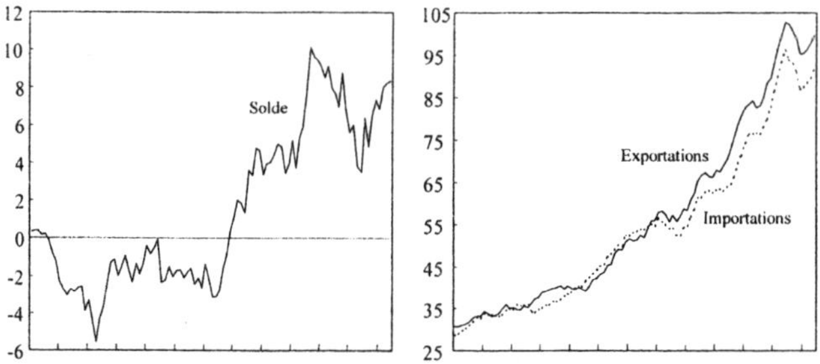

Sources : INSEE, comptes nationaux ; estimation OFCE.

De 1991 à 1997, le solde extérieur n'avait cessé de s'améliorer. Il était devenu excédentaire en 1992, atteignant un niveau record en 1997 (près de 2,4 % du PIB), résultat qui témoignait de la bonne compétitivité des entreprises, suffisamment solides pour résister à la crise dans les pays émergents. En fin de période, l'amélioration du solde était aussi liée à un décalage conjoncturel : alors que les exportations étaient soutenues par une forte croissance mondiale, la faiblesse de la demande intérieure n'était, quant à elle, pas suffisante pour entraîner les importations. À partir de 1998, l'excédent commercial de la France s'est réduit, d'abord sous l'effet des crises asiatique et russe, puis du recul du dollar.

Un excédent malgré l'alourdissement de la facture énergétique

Malgré la forte baisse de la part des importations énergétiques de la France dans ses importations de marchandises (28 % en 1970, puis 10 % en 1990 et 6 % en 2001), le déficit de la branche énergie, qui s'était réduit en 1998 à la suite de l'effondrement des cours du pétrole, s'est considérablement alourdi depuis.

GRAPHIQUE IV.2. — SOLDES EXTÉRIEURS PAR BRANCHES

En milliards d'euros courants, CVS

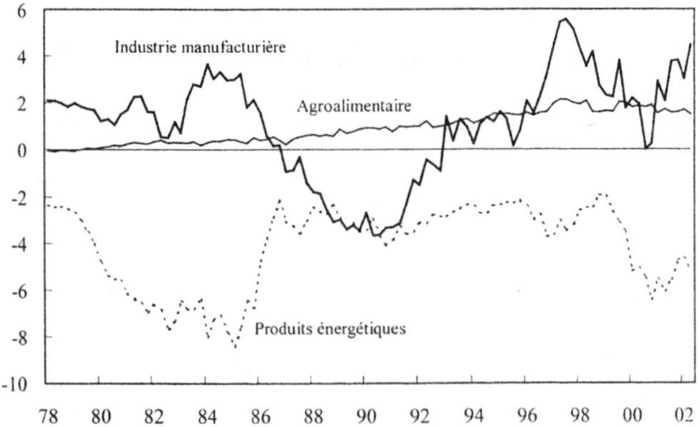

Source : INSEE, comptes nationaux.

Après avoir a atteint 9,5 milliards d'euros en 1998, le déficit de la branche énergétique s'est stabilisé aux alentours de 22 milliards depuis l'année 2000, niveau jamais égalé depuis le contre-choc pétrolier de 1986 (graphique IV.2).

Contrairement à la flambée des cours du pétrole intervenue au deuxième trimestre 1999 qui a pesé lourdement sur les achats énergétiques, l'impact de la hausse du prix du pétrole intervenue à la fin 2001 a été amorti par l'appréciation de l'euro.

Le maintien d'une bonne compétitivité-prix

En 2002, l'appréciation de l'euro conjuguée à une accélération des salaires liée à la sortie de la période de modération salariale prévue dans les accords 35 heures a annulé une partie des gains de compétitivité-prix de la France obtenus au cours de la dernière décennie.

Durant les années 1991-1997, la France a bénéficié d'une bonne compétitivité-prix (graphique IV.3), grâce notamment à un taux de change favorable, et figurait parmi les pays qui, par la désinflation et la modération salariale, ont réduit leurs coûts salariaux unitaires. Mais les dépréciations des monnaies asiatiques et surtout celle du dollar au second semestre 1998 ont amputé cet avantage. Cette détérioration n'a cependant pas conduit à dégrader durablement la compétitivité française, et ce principalement pour deux raisons. D'une part, au sein de l'Union européenne, la mise en place de l'euro fige les taux de change et la compétitivité, au moins à court terme. D'autre part, la spécialisation géographique et sectorielle de l'économie française, plutôt orientée dans des produits à forte valeur ajoutée, apporte une bonne protection contre les chocs sur la demande extérieure. À cet égard, dans son rapport sur la compétitivité mondiale, le CEPII constate, sur la base de séries statistiques sur trente ans, que les pays riches en général, et la France en particulier, gardent leur avance grâce à une spécialisation internationale forte. Celle-ci est certes moins marquée en France qu'en Allemagne, mais très nette dans certaines filières comme la mécanique, la chimie, la construction automobile et l'agro-alimentaire. Au cours des années 1999 et 2001, la faiblesse de l'euro, associée à la modération salariale, a permis aux entreprises françaises de regagner en compétitivité face à la concurrence internationale. Cette amélioration permet à la France de maintenir ses parts de marché en volume.

GRAPHIQUE IV.3. — COMPÉTITIVITÉ-PRIX ET PARTS DE MARCHÉ

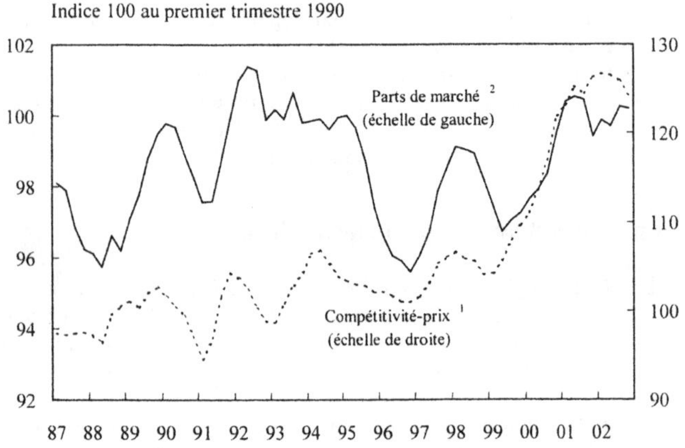

1. Rapport des prix des concurrents à l'exportation sur les prix à l'exportation français pour les produits manufacturés.
2. Rapport des exportations françaises à la demande adressée à la France en volume.

Sources : INSEE, comptes nationaux ; estimation OFCE.

La balance des paiements

L'équilibre de la balance des paiements entre deux zones monétaires dépend de plusieurs flux :

— les flux boursiers : un pays bénéficie de flux entrants si le marché anticipe une hausse de ses cours boursiers ;

— les flux financiers : ils se dirigent vers les pays où le taux d'intérêt est élevé relativement aux anticipations de dépréciation de son taux de change ou vers les pays qui offrent des titres sûrs, liquides, à marchés bien organisés ;

— les flux monétaires : ils favorisent le pays dont la monnaie est solide, liquide, crédible ;

— les variations des réserves de change : elles marquent les interventions des autorités monétaires.

Le compte des transactions courantes de la balance des paiements française s'est soldé par un excédent de 23,7 milliards d'euros, soit 1,6 % du PIB en 2001, en hausse de 6 milliards par rapport à l'année 2000 (tableau IV.1 et graphique IV.4).

GRAPHIQUE IV.4. — BALANCE DES TRANSACTIONS COURANTES

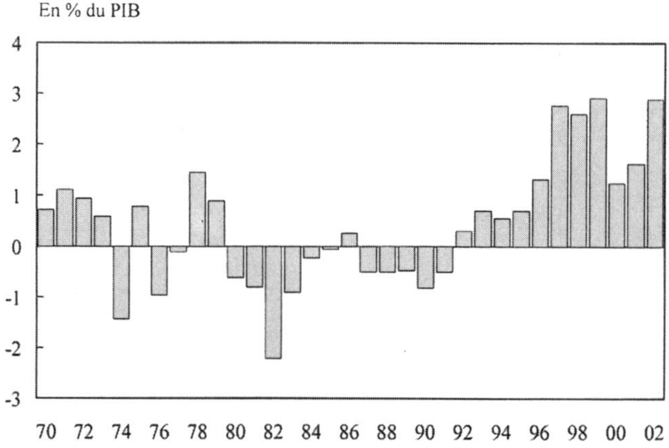

Sources : Banque de France ; estimation OFCE.

La France conserve l'excédent le plus élevé des pays du G7 après le Japon, alors que l'Italie et le Royaume-Uni affichent des déficits. Cette relative stabilité masque des évolutions divergentes ; l'excédent des biens se contracte très nettement, alors que ceux des services et des revenus se maintiennent à des niveaux élevés.

L'excédent des revenus s'explique principalement par celui des revenus des investissements directs, qui s'élève à 14 milliards d'euros en 2001, en hausse de près de 6 milliards par rapport à 2000. Cette amélioration s'inscrit dans une tendance observée depuis plusieurs années, découlant de la hausse des flux et des stocks d'investissements directs français à l'étranger depuis le milieu de la décennie 1990 et également à des opérations de restructuration ayant permis de dégager des résultats non récurrents en 2001. L'excédent du compte de transactions courantes, qui mesure la différence entre l'épargne et l'investissement intérieur, a confirmé le maintien à haut niveau de l'épargne nationale en 2001.

Cet excédent a donné lieu, en contrepartie, à des placements financiers nets des résidents à l'étranger, notamment au titre des investissements directs, qui devraient ultérieurement engendrer des versements de revenus.

À l'instar de ce que l'on observe sur les biens, les années 2001 et 2002 sont marquées par une contraction vive des flux d'investissements directs étrangers (IDE). Ces deux années sont en rupture avec l'évolution observée au cours de la période récente où la globalisation financière et productive a considérablement renforcé le poids des flux boursiers et monétaires, amplifiant l'importance des IDE (graphique IV.5).

GRAPHIQUE IV.5. — INVESTISSEMENTS DIRECTS

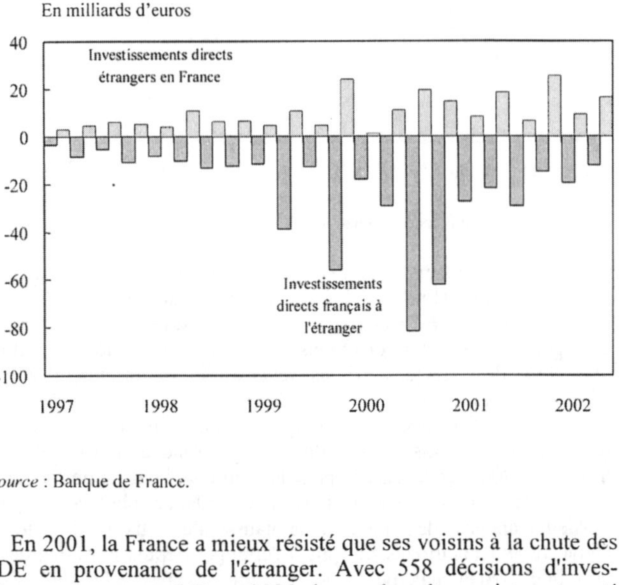

Source : Banque de France.

En 2001, la France a mieux résisté que ses voisins à la chute des IDE en provenance de l'étranger. Avec 558 décisions d'investissements, contre 563 en 2000, le nombre des projets est resté quasiment stable. Le montant des IDE en France a atteint 58,8 milliards d'euros en 2001 après 46,6 milliards en 2000. Ces investissements se sont concentrés dans les secteurs des télécommunications et du crédit. Par ailleurs, 62 % proviennent des pays de la zone euro, contre 49 % en 2000. Cette hausse contraste avec les chutes sévères enregistrées dans les autres pays industriels, chutes dont l'ampleur moyenne atteint 56 % et rend compte d'une bonne attractivité de la France. Mais ce résultat est masqué par les investissements directs français à l'étranger, qui, après avoir atteint un niveau record en 2000 en s'établissant à 190,5 milliards d'euros, connaissent un net repli en 2001 (– 51 %). Ces investissements ont été réalisés principalement dans les secteurs des télécommunications et de l'énergie.

TABLEAU IV.1. — BALANCE DES PAIEMENTS FRANÇAISE

En milliards d'euros

	1999	2000	2001
1. Compte de transactions courantes	**39,41**	**17,70**	**23,74**
1.1. Biens	16,54	– 3,58	3,78
1.2. Services	17,46	21,49	19,92
1.3. Revenus	17,78	14,99	16,59
1.4. Transferts courants	– 12,38	– 15,20	– 16,56
2. Compte de capital	**1,36**	**1,48**	**– 0,33**
3. Compte financier	**– 37,47**	**– 31,10**	**– 27,49**
3.1. Investissements directs	– 75,38	– 143,89	– 33,74
3.2. Investissements de portefeuille	– 7,13	40,02	20,99
3.3. Autres investissements	45,27	65,06	– 23,29
3.4. Produits financiers dérivés	– 1,31	5,05	2,78
3.5. Avoirs de réserve	1,09	2,66	5,76
4. Erreurs et omissions nettes	**– 3,30**	**11,92**	**4,08**

Sources : ministère de l'Économie, des Finances et de l'Industrie ; Banque de France.

Les flux nets, souvent cités en référence, sont restés négatifs. Les résultats observés au cours du premier semestre semblent confirmer cette tendance pour l'année 2002. Sans amélioration du climat des affaires, le flux d'IDE continue sa contraction avec la réduction des opérations de fusions-acquisitions.

En 2000, le solde des investissements directs était de – 143,89 milliards d'euros (tableau IV.1), soit 10 % du PIB ou pratiquement le même montant que l'investissement des sociétés. Toutefois, les opérations d'investissements directs et l'investissement ne sont pas directement comparables. Premièrement, il faut considérer le solde des flux financiers, en intégrant les investissements de portefeuille (de même nature que les investissements directs, mais concernant des opérations où moins de 10 % du capital sont détenus) et les autres investissements. Hors la variation des avoirs de réserve, les flux financiers affichent un solde de 33,8 milliards d'euros en 2000 (soit 2,4 % du PIB ou 22 % de l'investissement des entreprises), niveau comparable avec celui observé en 2001. En second lieu, les flux financiers ne correspondent pas directement à des investissements physiques nouveaux et peuvent être des achats d'actifs existants.

Bibliographie

CEPII, « Compétitivité des nations », *Economica*, 1998.

CNUCED, « Rapport sur l'investissement », janvier 2001.

GRELICHE A. et LAOUISSET B., « Les échanges extérieurs en 2001 — des flux commerciaux en repli », *INSEE Première*, n° 855, juillet 2002.

LES ANALYSES DE LA DREE, « Le commerce international de la France en 2001 », ministère de l'Économie, des Finances et de l'Industrie, 2002.

V / L'inflation

Valérie Chauvin

En 2002, les prix à la consommation n'ont pas ralenti, du fait de la progression rapide des coûts salariaux et malgré l'impact modérateur des prix du baril de pétrole en début d'année et de ceux de l'alimentation (tableau V.1). L'inflation a été supérieure à celle de l'Allemagne, ce qui n'était pas survenu depuis décembre 1996.

Les coûts salariaux ont entraîné les prix à la hausse

Le prix du baril de pétrole exprimé en euros a connu une évolution très heurtée depuis 1998. Il a atteint un niveau historiquement bas à moins de 60 euros le baril à la charnière de 1998 et 1999, un niveau proche de son plus haut niveau (atteint en 1985) à 250 euros en septembre 2000. Le ralentissement mondial a permis une détente des cours mondiaux jusqu'en décembre 2001 (140 euros), avant que les tensions géopolitiques ne le poussent vers 180 euros à l'automne 2002. Ces évolutions se retrouvent, atténuées par les comportements de marge des raffineurs et les changements de fiscalité, dans les prix à la consommation de l'énergie.

Les prix de l'alimentation ont fortement décéléré depuis février 2002 et leur progression, proche de 1,5 % l'an, est maintenant en ligne avec les évolutions de longue période. Ils restent cependant élevés par rapport au niveau général des prix, après leur emballement de 2000 et 2001. Celui-ci avait été nourri par les épizooties de l'encéphalite bovine spongiforme et de fièvre aphteuse.

Les évolutions des prix de l'énergie et du tabac masquent, dans l'indice des prix global, les changements de tendance des prix, qu'elles n'influencent que si elles se diffusent dans le reste de l'économie, *via* les négociations salariales notamment. Ainsi, il est intéressant d'observer l'inflation sous-jacente (progression des prix à la consommation hors énergie et tabac). Celle-ci a accéléré continûment depuis la fin 1999, en partant, il est vrai, d'un niveau très faible. Elle s'est stabilisée à environ 2 % à l'automne 2002.

TABLEAU V.1. — INFLATION PAR PRODUITS EN FRANCE

Taux de croissance en glissement annuel (en %)

	1990-1997	1998	1999	2000	2001	2002[1]
Ensemble des prix	2,2	0,3	1,3	1,6	1,4	1,8
Prix hors énergie	2,2	0,9	0,6	1,1	2,3	1,9
Prix hors tabac	2,1	0,3	1,2	1,6	1,3	1,8
Inflation sous-jacente [2]	2,0	0,8	0,5	1,0	2,1	1,9
Alimentation	1,4	0,5	1,1	2,8	4,9	1,4
Produits manufacturés	1,2	0,0	– 0,4	0,1	0,7	0,4
Services privés	3,7	2,0	0,9	1,8	2,9	3,3

1. Prévisions OFCE.
2. Prix hors énergie et hors tabac.

Sources : INSEE ; OFCE.

Cette accélération a été impulsée par celle des coûts salariaux. La faiblesse des gains de productivité induite par les politiques économiques (35 heures), puis par le ralentissement économique, n'a pas été totalement compensée par la modération des salaires individuels et les baisses de cotisations sociales versées par les employeurs. Les producteurs ont ensuite répercuté une partie de cette hausse de coût dans leurs prix. Cette répercussion n'a été que partielle de 2000 à 2002, et le taux de marge des entreprises a diminué. En 2001, le passage à l'euro a créé une hausse du niveau des prix à la consommation de l'ordre de 0,2 à 0,3 %.

De l'accélération de l'inflation à la désinflation compétitive

Les évolutions de court terme décrites plus haut ne doivent pas faire oublier que l'inflation est basse en France par rapport à son évolution de longue période. En effet, la période de sagesse des prix après guerre a duré jusqu'en 1957. La forte croissance et la nécessité d'un rattrapage des économies européennes par rapport aux États-Unis ont entraîné une accélération progressive de l'inflation. Le premier palier a été atteint vers les années 1962-1963. En France, il a été aggravé par le retour des rapatriés d'Algérie en 1963, qui a créé un surcroît de demande. Le plan Giscard avait alors été mis en œuvre de façon à ralentir l'inflation qui était parvenue à 5 %. Dans un second temps, la signature des accords de Grenelle en mai 1968 a eu un impact plus important sur l'inflation : la revalorisation de 35 % du SMIC a marqué le début d'une accélération de l'inflation, qui n'a pu être maîtrisée avant le début des années 1980. Les clauses d'indexation des salaires sur les prix à partir de 1970 ont nourri une inflation plus forte que celle des partenaires commerciaux. Ces clauses d'indexation des salaires sur les prix (sauf pour le salaire minimum) sont interdites par une ordonnance du 4 février 1959. Cependant, elles étaient tolérées. Aussi, les chocs pétroliers de 1973 et 1979 se sont révélés beaucoup plus inflationnistes en France qu'en Allemagne ou aux États-Unis par exemple. Cela s'est traduit par des dévaluations répétitives, qui ont eu pour conséquence d'élever l'inflation importée.

GRAPHIQUE V.2. — INFLATION EN FRANCE

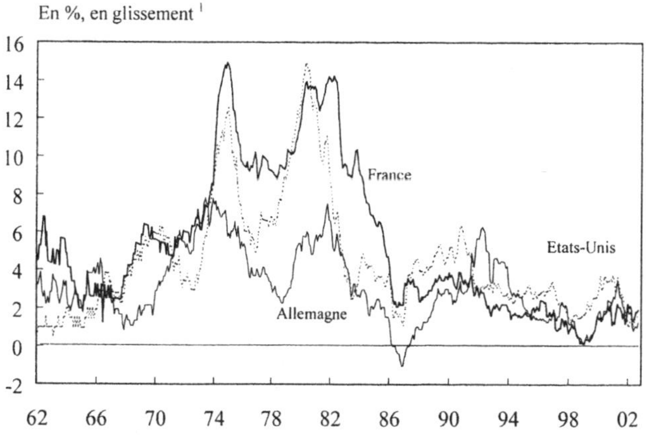

1. Hausse des prix à la consommation au cours des douze mois précédents.

Source : INSEE.

L'Allemagne a réussi à maintenir son inflation basse et les États-Unis se sont lancés dans une politique de désinflation bien avant la France. Celle-ci devenait de moins en moins compétitive, ce qui a amené à une politique de désinflation plus vigoureuse que les plans de stabilisation décidés auparavant. Ainsi, le plan Delors de 1982 opère un blocage des prix, comme le plan Barre de 1976, mais y adjoint aussi le blocage des salaires. Une dernière dévaluation est nécessaire en 1986 pour rétablir la compétitivité des exportations françaises. La France poursuit sa politique de désinflation, qui est plus vigoureuse que celle de ses partenaires : la désinflation devient compétitive. Le ralentissement de l'inflation a donc eu pour source la modération salariale. Elle a résulté d'un haut niveau du chômage qui a maintenu la pression sur les coûts salariaux, y compris pendant les phases de reprise de l'activité comme à la fin de la décennie 1980.

L'impact de la hausse du prix du pétrole en 2000 a montré que les mécanismes de formation des prix ont beaucoup évolué en France depuis les deux premiers chocs pétroliers. L'économie française utilise beaucoup moins de produits pétroliers que par le passé, et l'impact sur l'inflation a été nettement atténué. La poussée des prix du pétrole a réduit le pouvoir d'achat des salaires et les marges des entreprises utilisatrices de produits pétroliers ; le rattrapage a été tardif et partiel. En effet, les agents anticipent désormais que l'inflation restera basse et qu'une accélération sera compensée par une décélération future, si bien qu'aucun conflit de répartition grave ne naît suite à un choc potentiellement inflationniste.

Europe : après la convergence, les divergences

Au niveau européen, la création de l'Union monétaire a posé le problème de la convergence, entre autres celle de l'inflation. En effet, le taux d'intérêt nominal et le taux de change étant uniques pour tous les pays, la politique monétaire est plus restrictive dans les pays où le taux d'inflation est bas car le taux d'intérêt réel y est alors plus élevé ; même si une inflation plus basse permet des gains de compétitivité à moyen terme. Les pays qui désiraient intégrer l'Union monétaire devaient avoir une inflation au maximum égale à la moyenne des trois meilleurs pays plus 1,5 point. Cette condition a été vérifiée par l'ensemble des douze pays actuellement dans la zone euro, après une décélération des prix qui a été remarquable en Espagne, en Grèce, en Italie et au Portugal (tableau V.2). Cependant, depuis 2000, la tendance est plutôt à la divergence des taux d'inflation.

TABLEAU V.2. — HAUSSE DES PRIX HARMONISÉS

Taux de croissance en glissement annuel (en %)

	1990-1997	1998	1999	2000	2001	2002 [1]
Allemagne[2]	2,6	0,2	1,4	2,3	1,5	1,0
Autriche	2,3	0,5	1,7	1,8	1,9	1,6
Belgique[2]	2,2	0,7	2,1	3,0	2,0	1,2
Danemark	1,8	1,1	3,1	2,3	2,1	2,5
Espagne[2]	4,4	1,4	2,8	4,0	2,9	3,5
Finlande	2,3	0,8	2,2	2,9	2,3	1,4
France	2,1	0,3	1,4	1,7	1,4	1,8
Grèce[2]	12,0	3,7	2,3	3,7	3,5	3,8
Irlande[2]	2,2	2,2	3,9	4,6	4,4	4,5
Italie	4,3	1,7	2,1	2,8	2,3	2,8
Luxembourg[2]	2,3	0,4	2,3	4,3	0,9	2,2
Pays-Bas	2,1	1,5	1,9	2,9	5,1	3,7
Portugal	5,8	2,8	1,7	3,8	3,9	3,8
Royaume-Uni	3,5	1,6	1,2	0,9	1,0	1,0
Suède	3,6	0,0	1,2	1,3	3,2	1,2
UE15	2,8	1,0	1,6	2,3	2,2	1,9
Zone euro	2,9	0,8	1,7	2,6	1,8	2,1

1. Prévisions OFCE.

2. Source nationale pour 1990-1997

Sources : Eurostat ; calculs OFCE.

Mais cette divergence est en partie naturelle. Dans les pays en rattrapage, comme l'Espagne, le Portugal, la Grèce et l'Irlande, le niveau de vie s'élève, poussant à la hausse le niveau des salaires et le prix des services, tandis que les prix des produits manufacturés peuvent être contenus par des gains de productivité élevés. Ainsi, ces pays connaissent une inflation plus forte que les pays à niveau de vie plus élevés. Par ailleurs, les prix ont fortement accéléré aux Pays-Bas, suite à une surchauffe de l'économie.

L'indice des prix à la consommation dans l'Union européenne

L'indice des prix à la consommation dans l'Union européenne (IPCUE) constitue un instrument essentiel pour le contrôle de la stabilité des prix dans la zone euro. L'IPCUE est basé sur les indices harmonisés des prix à la consommation (IHPC) des onze pays participant à la phase III de l'Union économique et monétaire (UEM). Les séries chronologiques sur le taux d'inflation IPCUE sont disponibles à partir de janvier 1996. Eurostat publie les IPCUE tous les mois, environ vingt jours après la fin du mois concerné. Les pondérations utilisées pour regrouper les IHPC nationaux dans l'IPCUE reflètent la part de chaque pays dans les dépenses privées de consommation finale intérieure des comptes nationaux dans le total de l'UEM. Ces dépenses, actualisées chaque année, sont converties en une même monnaie sur la base des taux de change bilatéraux décidés le 2 mai 1998.

Bibliographie

BEZBAKH P., *Inflation et désinflation*, La Découverte, coll. « Repères », Paris, nouvelle édition 1996.

BRUDIEU G. et Viguier A., « La baisse des prix du pétrole limite l'inflation en 2001 », *INSEE Première*, n° 837, mars 2002.

EUROSTAT, Indices harmonisés des prix à la consommation, Euro indicateurs http://europa.eu.int.

INSEE, *Pour comprendre l'indice des prix*, coll. INSEE méthodes, n° 81-82, édition 1998.

SCHERRER P., « En France comme en Europe, net recul des prix de production industriels en 2001 », *INSEE Première*, n° 829, février 2002.

VI / L'emploi et le chômage

Mathieu Plane

Conjointement au ralentissement de la croissance française, l'année 2001 fut celle du retournement du marché du travail. Le taux de chômage est reparti à la hausse depuis juillet 2001. Au second semestre 2001 et en 2002, l'emploi a pâti de la faible croissance et de l'épuisement des effets des politiques de l'emploi. De plus, à la fin 2002, le retour de gains de productivité du travail aggraverait la situation de l'emploi. Après avoir créé 366 000 emplois au cours de l'année 2001, l'économie française connaîtrait une augmentation de ses effectifs d'à peine 75 000 en 2002. Le taux de chômage s'est stabilisé à 9 % en septembre 2002, niveau atteint depuis juin 2002.

Un marché du travail dégradé

Après quatre années de forte baisse du chômage, le nombre de demandeurs d'emplois au sens du BIT augmente depuis le mois de mai 2001 (+ 134 000 chômeurs en l'espace d'un an et demi). En septembre 2002, le chômage au sens du BIT touchait 2,43 millions de personnes (graphique VI.I).

Près de 80 % de la hausse des demandeurs d'emploi en fin de mois de catégorie 1 (DEFM1) concernent les hommes. De plus, la remontée du chômage se fait surtout au détriment des plus jeunes. Alors que l'ensemble des DEFM1 a crû de 9,5 %, le nombre de chômeurs de moins de 25 ans a augmenté de 14,9 % (23,6 % pour les seuls hommes de moins de 25 ans), contre 8,9 % pour les 25-49 ans et 6,5 % pour les plus de 50 ans.

GRAPHIQUE VI.1. — ÉVOLUTION DU CHÔMAGE BIT DEPUIS 1970

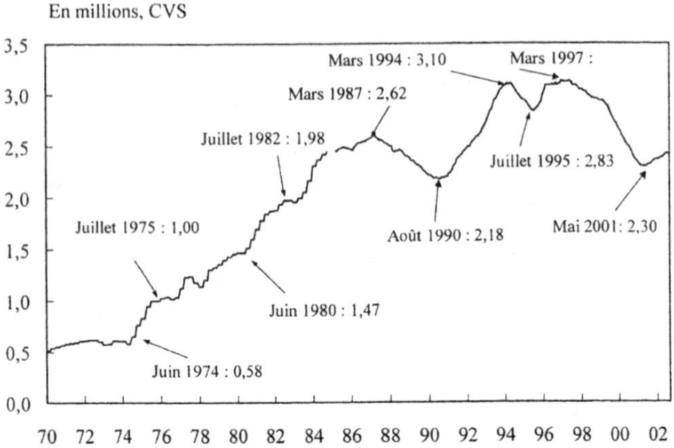

Source : ministère des Affaires sociales, du Travail et de la Solidarité.

Néanmoins, dans ce climat conjoncturel dégradé, un élément positif est à souligner : la retournement du marché du travail a été beaucoup moins marqué pour les chômeurs de longue durée que pour les autres chômeurs. Or les personnes inscrites à l'ANPE depuis plus d'un an représentent le noyau dur du chômage. De mai 1998 à septembre 2002, le nombre de chômeurs de longue durée a diminué de 42,7 % et concerne aujourd'hui 663 000 demandeurs d'emploi.

Pour comprendre ces évolutions, il est important d'étudier les flux d'entrées et de sorties de l'ANPE. Les nombreuses créations d'emplois depuis fin 1997 ont permis de maintenir le flux de sorties de l'ANPE à un niveau élevé, et même de l'augmenter entre septembre 1998 et mai 2000. Elles ont aussi et surtout permis de faire baisser de façon importante les inscriptions au chômage. De mars 1996 à avril 2000, le flux d'entrées au chômage a diminué de 16 %. Depuis avril 2001, le flux d'entrées à l'ANPE est, à nouveau, supérieur aux sorties, et l'écart est allé croissant jusqu'au début de l'année 2002. En effet, les inscriptions à l'ANPE remontent tendanciellement avec la dégradation du marché du travail depuis novembre 2000. Cependant, à partir de janvier 2002, les sorties de l'ANPE sont reparties nettement à la hausse, limitant l'augmentation du taux de chômage. La faiblesse des créations d'emplois depuis le début de l'année ne peut expliquer ce phénomène. L'accroissement important des sorties de l'ANPE serait essentiellement lié à un retour à l'inactivité de certains chômeurs. Cet effet de flexion traduit le fait que certains chômeurs découragés par la situation sur le marché du travail sortent de l'activité en période de creux conjoncturel. Ces personnes à la lisière entre le chômage et l'inactivité ajustent leur comportement à la conjoncture, ce qui amortit les variations du chômage enregistré.

Le ralentissement économique ne s'accompagne pas, comme on pouvait le craindre, d'une augmentation significative de la part des licenciements économiques pour les nouveaux demandeurs d'emploi. Les entrées au chômage pour licenciement économique, deuxième motif d'entrée en 1992 avec 12,7 %, ont largement diminué et ne représentent plus que 5,3 % de celles-ci en septembre 2002.

Le ralentissement des créations d'emplois en 2001 et 2002 est le résultat du retournement après trois années de croissance forte, de l'essoufflement des politiques de l'emploi (35 heures, emplois-jeunes...) et, dans une moindre mesure, de la fin du service militaire. La dégradation de la conjoncture économique a commencé à avoir des effets sur l'emploi seulement à partir du troisième trimestre 2001, ce qui s'est traduit par une remontée du taux de chômage. À partir de la fin de l'année 2002, le retour de gains de productivité du travail dans les entreprises sera destructeur d'emplois.

La baisse récente du chômage a largement profité des politiques publiques en faveur de l'emploi. Les emplois-jeunes puis les 35 heures ont ainsi contribué à créer environ 490 000 emplois sur les 1,8 million créés, au total, du troisième trimestre 1997 au deuxième trimestre 2001. Ces politiques ont vu leurs effets s'atténuer par la suite : d'une part, l'impact des 35 heures consiste en une élévation du niveau de l'emploi et non de son taux de croissance de longue période. Les créations d'emplois, liées à la réduction du temps de travail, n'ont été, selon la DARES que de 60 000 en 2001, après 155 000 en 2000, et devraient être marginales en 2002. D'autre part, les politiques spécifiques de soutien à l'emploi ont connu un fort recul en 2001. Le nombre de bénéficiaires d'emplois aidés (marchands et non marchands) a diminué de 42 000 entre fin 2000 et fin 2001. Outre la baisse tendancielle des Contrats emploi solidarité (– 19,1 % sur un an soit – 29 000 CES), la baisse des emplois aidés non marchands en 2001 découle du moindre dynamisme de la croissance des emplois-jeunes (+ 7 000 nouveaux emplois-jeunes en 2001 contre + 27 000 l'année précédente). Le stock d'emplois aidés non marchands devrait rester quasiment stable en 2002.

Population active et taux d'activité

L'évolution de la population active découle en premier lieu des structures démographiques. Celles-ci sont, en France comme dans la plupart des pays occidentaux, marquées par le *baby-boom* des années d'après guerre. Les naissances très nombreuses, durant toute la période des trente glorieuses, ont entraîné une augmentation rapide de la population totale, puis, depuis le milieu des années 1960, de la population en âge de travailler. Le phénomène est d'autant plus marquant que les générations nées avant et pendant la guerre sont, à l'inverse, peu nombreuses. Cette configuration démographique particulière a produit ses effets maximum sur l'évolution de la population active pendant les années 1970 et 1980, mais ils se prolongent encore jusqu'en 2005, année où les premiers *baby-boomers* vont partir à la retraite. En effet, à partir du milieu des années 1970, la chute brutale de la fécondité a créé un décalage entre les générations nombreuses du *baby-boom* et les générations creuses d'après. Par conséquent, à partir de 2005, la population en âge de travailler commencera à diminuer, le flux d'entées étant inférieur à celui des sorties.

L'évolution de la population active est également influencée par la modification des comportements d'activité. Deux phénomènes jouent un rôle majeur : la montée continue et forte de l'activité des femmes et le raccourcissement de la durée de la vie active (graphique VI.2). Le pourcentage de femmes actives de 25 à 49 ans est passé de 58,6 % en 1975 à 79,8 % en 2002. Mais, en même temps, la prolongation de la scolarité a fait chuter le taux d'activité des 15 à 24 ans de plus de 50 % à 30,2 %, et l'abaissement de l'âge de la retraite, celui des hommes de plus de 50 ans de 50,9 % à 36,7 %. Cependant, sous l'impulsion de la hausse continue de l'activité des femmes adultes, de la remontée depuis 1995 du taux d'activité des plus de 50 ans et du rebond de la participation des jeunes au marché du travail à partir de 1997, le taux d'activité des 15-64 ans a retrouvé en 2002 le niveau du début des années 1980 (68,3 %), après avoir atteint un point bas en 1991 (65,8 %). L'amélioration du marché du travail de 1997 à 2001 a contribué à cette augmentation.

L'augmentation tendancielle de la population active totale résulte principalement du mouvement démographique. À partir de 2003-2004, les générations nombreuses du *baby-boom* vont progressivement passer à des âges d'activité faible et même d'inactivité. Sous cet effet démographique, la progression de la population active tendancielle va donc, dans un premier temps, être ralentie, puis stagner et enfin s'orienter à la baisse à partir de 2010 (tableau VI.1).

GRAPHIQUE VI.2. — TAUX D'ACTIVITÉ [1]

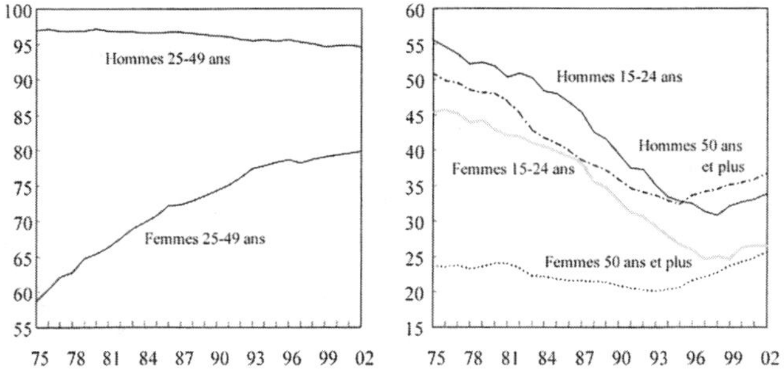

1. Nombre des actifs/population totale de la tranche d'âge considérée.

Source : INSEE, enquête Emploi.

TABLEAU VI.1. — VARIATIONS ANNUELLES MOYENNES DE LA POPULATION ACTIVE TENDANCIELLE

En milliers

Moyenne 1986-1990	Moyenne 1991-1995	Moyenne 1996-2000	Moyenne 2001-2005	Moyenne 2006-2010	Moyenne 2011-2015
242	228	180	120	18	– 49

Source : Estimations OFCE.

Cette déformation structurelle de la pyramide des âges pourrait contribuer à réduire le déséquilibre entre l'évolution de la population active et les créations nettes d'emplois, mais il ne faut pas en déduire pour autant que le plein-emploi se ferait de manière mécanique. En effet, outre l'augmentation tendancielle de l'activité des femmes, lorsque l'économie sera à nouveau sur le sentier du plein-emploi, l'amélioration de la situation sur le marché du travail peut faire remonter les taux d'activité, en particulier des jeunes, parce que certains renoncent à poursuivre leurs études lorsqu'il devient plus facile de trouver un emploi. De même, le développement du cumul emploi-formation gonflerait le nombre de jeunes actifs. Enfin, la remontée du taux d'activité des plus de 50 ans pourrait se poursuivre. Plusieurs éléments se conjuguent : une diminution des départs en préretraite et la possibilité d'un report de l'âge de départ à la retraite pour alléger le problème du financement des retraites. De plus, depuis 1993, l'allongement de la durée de cotisation dans le secteur privé abonde dans le sens d'une poursuite de la remontée du taux d'activité des plus de 50 ans.

Emploi et productivité

L'impact de la croissance sur l'emploi reste amorti par un cycle de productivité : les entrepreneurs n'ajustent pas immédiatement leurs effectifs aux besoins de la production mais préfèrent d'abord modifier le degré d'utilisation du travail, en ajustant les cadences de production, en contrôlant plus ou moins rigoureusement les temps de pause, puis en recourant aux heures supplémentaires ou au chômage partiel. Ce cycle de productivité a été amplifié par les 35 heures et la modulation du temps de travail. L'annualisation des heures de travail, en particulier dans l'industrie, permet de gagner en flexibilité horaire. En période de creux conjoncturel, les entreprises vont diminuer le nombre d'heures hebdomadaires de travail en attendant la reprise. C'est seulement si le ralentissement s'avère durable que ces entreprises vont avoir recours aux licenciements. C'est pourquoi la croissance de la productivité du travail s'accélère lors des phases de reprise, et se réduit lors des ralentissements conjoncturels. La modification du rythme de croissance a donc des effets retardés sur l'emploi, et la croissance de la productivité du travail est instable à court terme.

Mais elle n'est pas non plus constante à long terme ; dans tous les secteurs d'activité, la productivité du travail augmente de plus en plus lentement. En France, le taux de croissance annuel moyen de la productivité horaire tendancielle dans l'ensemble de l'économie était voisin de 5 % dans les années 1970, avant le choc pétrolier ; il est inférieur à 1,5 % depuis le début des années 1990 (tableau VI.2).

De nombreux facteurs ont été évoqués pour expliquer ce ralentissement des gains de productivité : de l'épuisement du progrès technique à la crise du modèle « fordiste », en passant par la modification des coûts des facteurs de production, particulièrement des salaires. Jusqu'à présent aucune de ces explications ne suffit à elle seule à rendre compte des évolutions observées. La seule conclusion solide que l'on puisse tirer de ces observations est donc limitée au constat que la montée du chômage ne peut être imputée à une croissance trop rapide de la productivité du travail.

Les études récentes montrent que les technologies de l'information et de la communication (TIC) ont contribué aux gains de productivité dans la seconde moitié des années 1990. Sur cette période, selon les études, la contribution des TIC aux gains de productivité par tête est comprise entre 0,3 et 0,6 point. Mais l'impact des investissements en TIC est difficilement perceptible dans les chiffres macroéconomiques de productivité, car les politiques de l'emploi mises en place dans le même temps, en favorisant les emplois peu qualifiés, ont fait chuter la productivité du travail.

TABLEAU VI.2. — TAUX DE VARIATION ANNUEL MOYEN DE LA VALEUR AJOUTÉE, DE L'EMPLOI, DE LA DURÉE ET DE LA PRODUCTIVITÉ DU TRAVAIL

En %, secteur marchand hors agriculture

	1979-1986	1987-1990	1991-1996	1997-2002
Valeur ajoutée	2,1	3,5	0,6	2,6
Emploi	– 0,4	1,5	– 0,2	2,1
Durée du travail	– 0,8	0,1	– 0,5	– 0,8
Productivité horaire	3,2	1,9	1,3	1,3

Sources : INSEE , estimations OFCE pour la durée du travail et 2002.

Il apparaît clairement que la croissance est aujourd'hui beaucoup plus riche en emplois qu'elle ne l'était au temps des années glorieuses du plein-emploi et de la croissance forte : en France, entre 1960 et 1973, pour que l'emploi augmente, il fallait que la croissance dépasse nettement 4,5 % l'an ; aujourd'hui une croissance inférieure à 2 % l'an est suffisante.

La conjoncture macroéconomique influence non seulement la quantité, mais aussi la qualité des emplois créés. De 1993 à 1997, l'évolution de l'emploi a été très défavorable du fait de la faible croissance. De 1997 à 2001, les créations d'emplois sont redevenues nombreuses. Avec près de 1 100 000 emplois créés, les années 1999 et 2000 ont été les plus favorables des vingt-cinq dernières. En 2001, les créations d'emplois ont ralenti (366 000) et cette tendance se confirme en 2002 avec seulement 75 000 emplois créés. La forte croissance de l'emploi de 1997 à 2001 s'est accompagnée d'une diminution de la précarité de l'emploi. La part des emplois précaires (CDD, intérims, apprentis), qui représentait 11 % de l'emploi salarié marchand en 1996, n'est plus en 2002 que de 9,9 %. Durant cette période, les entrepreneurs ont largement favorisé le recours aux emplois intérimaires aux dépens des CDD. En effet, de 1996 à 2002, la part des CDD dans l'emploi salarié marchand est passée de 7,1 % à 3,7 %, alors que dans le même temps la proportion d'intérimaires a varié de 1,2 % à 4,1 %.

Chômage et politiques de l'emploi

De même que l'impact de l'activité sur l'emploi est amorti par un cycle de productivité, l'effet sur le chômage des évolutions de l'emploi peut être atténué, parce que la dynamique de la population active est sensible à la situation conjoncturelle. En outre, les politiques de gestion sociale du chômage infléchissent les ajustements spontanés du marché du travail.

Comme nous l'avons vu précédemment, certains actifs potentiels peuvent arbitrer, au moins provisoirement, entre la participation au marché du travail et une autre occupation : il en va ainsi pour les jeunes qui peuvent, selon que la conjoncture de l'emploi est favorable ou non, entrer rapidement sur le marché ou prolonger leurs études ; de même, les femmes, notamment celles qui ont quitté un emploi pour s'occuper de leurs enfants, peuvent revenir plus ou moins rapidement sur le marché du travail. Un certain nombre de personnes sont ainsi à la lisière du marché du travail : celles qui sont en dehors ont tendance à le rejoindre en assez grand nombre lorsque la conjoncture de l'emploi s'améliore, alors que le mouvement inverse se produit quand le chômage augmente. En conséquence, les créations d'emplois ne correspondent pas à une diminution équivalente du nombre de chômeurs, la variation de ces derniers étant d'une ampleur moindre. Ce mécanisme, dit de flexion conjoncturelle des taux d'activité, limite la hausse du chômage au cours des périodes de dégradation de l'emploi, mais il limite aussi la baisse au cours des périodes de reprise. Ainsi, selon les estimations sur longue période effectuées par l'OFCE, 100 emplois créés ne réduisent le nombre de chômeurs que d'environ 70.

Les interventions publiques influencent également l'évolution de la population active, en offrant un nombre plus ou moins important d'activités de substitution aux chômeurs, notamment les préretraites qui réduisent durablement le nombre d'actifs (graphique VI.3).

GRAPHIQUE VI.3. — ÉQUILIBRE DU MARCHÉ DU TRAVAIL

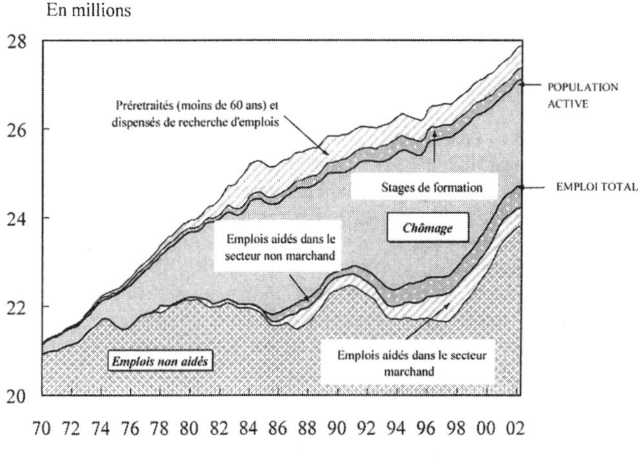

Sources : INSEE et ministère des Affaires Sociales, du Travail et de la Solidarité.

L'évolution de l'emploi dépend aussi du niveau des créations d'emplois temporaires ou spécifiques destinés aux chômeurs. De 1993 à 1997, les interventions publiques se sont progressivement orientées vers le soutien de l'emploi marchand au détriment des politiques de créations d'emplois spécifiques dans le secteur non marchand et des stages de formation. Ce mouvement s'est inversé avec le lancement des emplois-jeunes à partir de juillet 1997 (tableau VI.4).

TABLEAU VI.4. — ÉQUILIBRE DU MARCHÉ DU TRAVAIL
(Variations annuelles en fin d'année en milliers)

	1997	1998	1999	2000	2001	2002[1]
Emploi total	136	398	477	605	366	75
Chômage (BIT)	– 31	–119	–241	–328	– 28	106
Population active (effective)	105	279	236	277	338	181
Politique de l'emploi :	34	– 17	14	– 5	– 57	– 39
Emplois aidés dans le secteur marchand	46	– 60	– 69	– 22	– 27	– 28
Préretraites et dispenses recherche	– 4	0	25	7	– 4	– 9
Emplois aidés dans le secteur non marchand (CES, emplois-jeunes...)	– 8	43	58	10	– 26	– 2

1. Estimation OFCE.

Sources : INSEE et ministère des Affaires sociales, du Travail et de la Solidarité.

En mars 2002, les contrats emplois-jeunes concernaient 210 000 personnes. Aujourd'hui se pose la question du devenir de ces emplois-jeunes. En effet, depuis l'arrivée du gouvernement Raffarin, la logique a été de nouveau inversée avec la mise en place du contrat jeunes en entreprises. En apportant un soutien correspondant au montant de la totalité des charges patronales jusqu'à 1,3 SMIC les deux premières années et de 50 % de ce montant la troisième, cette mesure devrait permettre de lutter contre l'augmentation du chômage des jeunes. Cependant, cette mesure ciblée aurait, par un effet de substitution à l'embauche, une conséquence négative sur les autres catégories de chômeurs.

Le gouvernement Juppé avait fondé sa stratégie pour l'emploi sur une forte baisse du coût salarial des bas salaires. Le 1er octobre 1993, une réduction unique dégressive des cotisations patronales fut introduite jusqu'à 1,3 SMIC. Il s'agissait d'introduire des dispositifs favorables à l'embauche de salariés peu qualifiés.

Cependant, la progressivité ainsi introduite dans les cotisations sociales avait un double inconvénient : d'une part elle encourageait trop fortement les embauches à temps partiel ; d'autre part elle incitait les entrepreneurs à limiter les promotions conduisant à des hausses de salaires (trappe à bas salaires). Le premier inconvénient a été supprimé par l'introduction d'une « proratisation » de la ristourne Juppé, qui relie le montant de l'abattement aux heures rémunérées. Le second est réduit dans le cadre de la seconde loi sur les 35 heures, par l'introduction d'une ristourne supplémentaire pouvant être obtenue pour des salaires allant jusqu'à 1,8 SMIC, lorsqu'un accord 35 heures est signé.

Depuis la loi Robien de juin 1996, la réduction du temps de travail était devenue l'axe principal de la politique de lutte contre le chômage. Cette loi accordait en effet une réduction de charges aux entreprises qui réduisaient la durée du travail de 10 à 15 %. Ce dispositif a été remplacé par la loi Aubry. À partir du 1er février 2000, la durée légale est passée à 35 heures pour les entreprises de plus de vingt salariés. Selon le dernier rapport du ministère des Affaires sociales, du Travail et de la Solidarité d'août 2001 sur le bilan des différentes expériences de réduction de la durée du travail, de la loi Robien aux accords Aubry, il y a 197 696 établissements passés à 35 heures, regroupés en 83 985 entreprises, qui emploient 7 096 143 salariés ; ils ont créé ou prévu de créer (292 535) ou de préserver (71 465) 364 000 emplois. Depuis le 1er janvier 2002, la loi s'applique aussi pour les entreprises de moins de vingt salariés.

Le 18 septembre 2002, le nouveau ministre des Affaires sociales, du Travail et de la Solidarité a présenté le projet de loi relatif à l'assouplissement des 35 heures. Le dispositif d'allègement des cotisations sociales, qui avait été conçu pour inciter les entreprises à réduire leur temps de travail, n'est plus conditionnel au passage aux 35 heures. Il est donc étendu à l'ensemble des entreprises. De plus, le régime des heures supplémentaires est modifié et leur coût est réduit.

Malgré des effets positifs liés à l'abaissement du coût du travail ou de la substitution non-qualifiés/qualifiés, l'assouplissement des 35 heures, en conduisant à une hausse de la durée du travail, pourrait avoir des effets légèrement négatifs sur l'emploi.

Les statistiques du chômage [1]

L'INSEE a la responsabilité de la mesure du chômage au sens du Bureau international du travail (BIT). L'enquête Emploi, réalisée chaque année au mois de mars, est la seule source statistique qui permette de mesurer le chômage suivant une définition conforme aux normes internationales, susceptible de se prêter à des comparaisons dans le temps et dans l'espace. Mais elle ne permet pas actuellement un suivi des évolutions infra-annuelles.

L'actualisation mensuelle du chômage au sens du BIT est donc une estimation et non pas une mesure statistique directe ; elle est corrigée *a posteriori* lors du recalage sur les résultats de l'enquête Emploi suivante.

Entre 1986 et 1996, la procédure d'estimation mensuelle était fondée sur la simple application, aux derniers résultats connus de l'enquête Emploi annuelle, des évolutions observées sur les DEFM par sexe et groupe d'âge.

En 1996, l'Insee avait adopté une méthode d'estimation mensuelle du chômage BIT, visant à réduire l'ampleur des recalages annuels observés à partir du tournant des années 1980. Elle utilisait, en plus des DEFM recensées par l'ANPE, d'autres variables du marché du travail (créations d'entreprises et emploi intérimaire), afin de mieux prendre en compte la part d'évolution conjoncturelle qui était jusqu'alors insuffisamment captée.

Néanmoins, des interrogations pesaient sur la robustesse du modèle réestimé en juin 2001 : modification sensible des coefficients de l'équation suite à la révision des résultats de l'enquête Emploi sur la période 1991-2000 (du fait de la prise en compte des résultats du recensement de population de 1999) ; difficultés d'interprétation de l'évolution du chômage au sens du BIT au cours des premiers trimestres de 2001.

Ces différentes raisons rendaient nécessaire d'affiner une nouvelle fois la méthode d'estimation mensuelle du chômage au sens du BIT. Pour ce faire, la nouvelle méthode cherche en particulier à exploiter au mieux une source d'information maintenant disponible avec suffisamment de recul : celle des DEFM de catégories 1, 2 et 3 hors activité réduite, dont la définition est conceptuellement proche de celle du chômage au sens du BIT. La méthode consiste à effectuer un traitement différencié par sexe et groupe d'âge. Pour les jeunes hommes et les jeunes femmes, le chômage au sens du BIT mensuel est estimé à l'aide de relations économétriques reliant l'évolution de cette variable à celles des DEFM de catégories 1, 2 et 3 hors activité réduite et de l'emploi intérimaire. Pour les personnes de 25 ans et plus, l'évolution mensuelle du chômage au sens du BIT est directement calquée sur celle des DEFM de catégories 1, 2 et 3 hors activité réduite.

1. Note de méthode tirée de *Informations Rapides*, n° 318 de l'INSEE, 16 novembre 2001.

Bibliographie

BLANCHARD O. et FITOUSSI J.-P., « Croissance et chômage », *Rapport du Conseil d'analyse économique*, n° 4, La Documentation française, Paris, 1998.

FREYSSINET J., *Le Chômage*, La Découverte, coll. « Repères », Paris, 10e édition, 2002.

OFCE, Perspectives 2002-2003, « France : fin de l'échappée », *Revue de l'OFCE*, n° 83, octobre 2002.

VII / La politique économique

Gaël Dupont

Entre 1997 et 2001, la croissance française avait été forte (3,2 %), ce qui avait permis de réduire le déficit public sans peser sur la conjoncture économique, que ce soit en ralentissant les dépenses publiques ou en augmentant la pression fiscale, comme cela avait été le cas entre 1993 et 1997. En 2001 et 2002, l'économie française a connu un net ralentissement. Le déficit public français a beaucoup augmenté en 2002, atteignant 2,8 % du PIB, sous l'effet conjugué d'une accélération des dépenses publiques et d'un ralentissement des recettes lié à la conjoncture et aux baisses d'impôts.

Le dérapage des déficits publics en 2002 a concerné l'ensemble des pays de l'Union européenne, mais, alors que la politique budgétaire française (et dans une moindre mesure allemande) a soutenu l'activité, les autres pays ont cherché à réduire leurs déficits. Pour 2003, le budget français ne prévoit pas de mesures de redressement. Le déficit risque de franchir le seuil des 3 % et l'équilibre des finances publiques ne sera pas atteint en 2006 selon les projections du gouvernement. En conséquence, la Commission a décidé d'envoyer à la France un « avertissement préventif ». En 2003, la politique économique serait neutre en France, après avoir été expansionniste en 2002. Sur l'ensemble de la zone euro, elle serait restrictive du fait du sévère ajustement budgétaire de l'Allemagne dont le déficit est proche de 4 % en 2002.

Policy mix et Pacte de stabilité européen

La politique économique est moins active dans la zone euro qu'aux États-Unis. Face au ralentissement économique en 2001, la

Banque centrale européenne (BCE) a eu une réaction plus modérée que la Réserve fédérale américaine (Fed). Au cours de l'année, le taux de refinancement de la BCE est passé de 4,75 à 3,25 %, alors que le taux directeur de la Fed a été réduit de 4,75 points (de 6,5 à 1,75 %). Et la politique budgétaire a été nettement expansionniste aux États-Unis à partir de 2001. En 2002, alors que les économies étaient au ralenti, la relance budgétaire américaine a été de l'ordre de 2,3 points de PIB contre à peine 0,3 point dans la zone euro. Au cours des onze premiers mois de l'année, les taux directeurs n'ont pas été modifiés dans la zone euro, alors que la Fed a diminué son taux directeur de 0,5 point, à 1,25 % le 6 novembre 2002, ce qui a conduit à un taux réel négatif (– 1 %). En 2003, la politique budgétaire devient neutre aux États-Unis, mais les mesures antérieures produisent leurs effets, alors que la politique budgétaire devient restrictive dans la zone euro.

La BCE a longtemps justifié l'attentisme de la politique monétaire par les perspectives de reprise de l'activité économique, confirmées par la bonne tenue de la consommation des ménages au milieu de 2002, et par une inflation supérieure à la cible de 2 %. Mais la faiblesse persistante de l'investissement et le durcissement des conditions monétaires au cours de 2002 l'ont finalement poussée à diminuer les taux directeurs de 0,5 point le 5 décembre 2002 : les prix à la consommation de la zone euro ralentissaient fin 2002 (+ 2,2 % sur un an en novembre) et la BCE prévoyait une inflation inférieure à 2 % courant 2003. Par ailleurs, l'euro s'appréciait depuis avril 2002. Or une hausse de 10 % de la monnaie européenne réduit l'inflation *via* le coût des importations et réduit le PIB de la zone euro et de la France d'environ 0,5 point.

L'euro, qui s'était déprécié continûment par rapport au dollar au cours de ses deux premières années d'existence, a oscillé autour de 0,87 dollar en 2001 et au premier trimestre 2002. Au deuxième trimestre, il s'est fortement apprécié, atteignant la parité au mois de juin. Entre août et octobre, il s'est stabilisé à 0,97-0,99 dollar, avant de dépasser de nouveau la parité en novembre 2002. La parité paraît plus conforme aux fondamentaux que le taux de change des années 1999-2001, compte tenu, notamment, de l'ampleur du déficit courant des États-Unis.

La politique monétaire est plus restrictive pour l'Allemagne que pour la majorité des pays de la zone euro car l'inflation allemande (1,0 % en novembre 2002 sur un an) est inférieure à la moyenne européenne (2,2 %). L'inflation française s'est légèrement accélérée en novembre à 2,1 %. Dans cinq pays de la zone euro notamment l'Espagne et l'Irlande, les prix à la consommation ont augmenté de plus de 3 % sur un an, ce qui signifie que les taux d'intérêt réels sont négatifs. Cela limite les possibilités de détente monétaire. Pourtant, la baisse des taux de la BCE permet de stimuler l'économie européenne, qui croît à un rythme inférieur à son potentiel, et de réduire le risque de déflation dans certains pays tels que l'Allemagne. D'autant que le risque d'accélération des prix dans les pays les plus inflationnistes est limité : une inflation plus forte engendrerait une perte de compétitivité qui aurait pour conséquence un ralentissement des prix du fait de la concurrence et, le cas échéant, des mesures budgétaires correctrices.

Une politique monétaire plus accommodante favorise le respect du Pacte de stabilité et de croissance (PSC), qui suppose la réduction des déficits des grands pays de la zone euro. Mais, sur le plan budgétaire, il paraît contestable de chercher à réduire les déficits alors que le PIB croît très faiblement, que l'inflation est très basse et que la balance courante est excédentaire, comme c'est le cas en France (*cf.* chapitre X « Le Pacte de stabilité et de croissance »).

Les comptes publics se sont nettement redressés depuis 1993...

La fin des années 1970 et la première moitié des années 1980 ont été marquées par un accroissement du degré de socialisation de l'économie française : forte augmentation de la dépense publique et des prélèvements obligatoires (PO) dans le PIB. Ce mouvement s'est interrompu en 1985. Depuis quinze ans, le poids des dépenses dépend essentiellement de la conjoncture. L'amélioration économique de la fin des années 1980 a permis de poursuivre la politique de réduction de la part des dépenses, engagée par le gouvernement Chirac entre 1986 et 1988.

Entre 1990 et 1993, l'économie française a connu un ralentissement sensible (tableau VII.1) ; dans ce contexte, la stabilisation des prélèvements et la dynamique des dépenses publiques ont élevé le déficit, qui a atteint 6 % du PIB en 1993. À ce niveau et compte tenu des exigences d'assainissement budgétaire en vue de la transition vers la monnaie unique, la politique budgétaire est devenue nettement restrictive. Les dépenses ont fortement ralenti entre 1993 et 1997, ce qui a permis leur stabilisation à 55 % du PIB. Les dépenses primaires de l'État ont été quasiment stabilisées en volume sur la période (+ 0,3 % par an). Pendant ce temps, les prélèvements obligatoires ont augmenté de deux points. La période de croissance faible s'est traduite par une explosion de la dette publique qui est passée de 35,1 % du PIB en 1990 à 59,3 % en 1997.

GRAPHIQUE VII.1. — FINANCES DES ADMINISTRATIONS PUBLIQUES

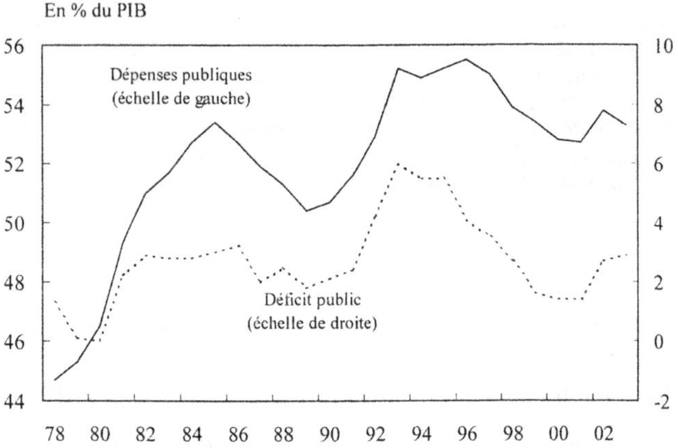

Sources : INSEE, Comptes nationaux ; OFCE.

Entre 1997 et 2001, la croissance a permis de réduire le déficit des administrations publiques (– 2 points de PIB, hors soulte de France Télécom en 1997). Cependant, la politique budgétaire a été légèrement expansionniste. Le contrôle des dépenses de l'État a permis de compenser la forte accélération des dépenses sociales et des dépenses des collectivités locales.

Après une augmentation de l'impôt sur les bénéfices des sociétés fin 1997 pour respecter le critère de déficit de 3 %, le gouvernement Jospin a mis en œuvre des baisses de taux d'imposition de grande ampleur, notamment en 2000 et 2001. Mais la reprise économique a eu pour conséquence une forte augmentation de la masse des prélèvements obligatoires jusqu'en 1999. Au total entre 1997 et 2002, les baisses nettes de prélèvements ont été de 30 milliards d'euros (2 points de PIB) entre 1997 et 2002, auxquels s'est ajoutée, en septembre 2002, la baisse supplémentaire de 5 % de l'impôt sur le revenu (2,5 milliards), décidée par la nouvelle majorité.

TABLEAU VII.1. ÉVOLUTION DU PIB ET DES DÉPENSES PUBLIQUES

Taux de croissance en volume

entre	et	PIB	APU [1]	APU DP [1]	État	ASS [2]	APUL [3]
1980	1982	1,8	6,4	5,9	6,5	6,8	5,7
1982	1990	2,5	2,6	2,4	1,5	2,6	3,7
1990	1993	0,5	3,1	2,8	2,9	3,6	2,3
1993	1997	1,7	1,2	1,1	0,7	1,5	1,5
1997	2001	3,2	2,1	2,3	1,0	2,8	3,6
1982	*2001*	*2,1*	*2,3*	*2,2*	*1,5*	*2,5*	*3,0*

1. APU : administrations publiques ; DP : dépenses hors charges d'intérêts.
2. ASS : administrations de Sécurité sociale.
3. APUL : administrations publiques locales.

Source : INSEE, Comptes nationaux (base 1995).

Les réductions fiscales ont concerné à parts égales les impôts directs sur les ménages, notamment à bas revenus (impôt sur le revenu IR, taxe d'habitation, prime pour l'emploi : 10 milliards d'euros), la taxation de la consommation (TVA, vignette, droit de bail : 11 milliards) et les charges pesant sur le travail, notamment pour les salariés faiblement rémunérés (taxe professionnelle et cotisations sociales patronales : 11 milliards). La diminution des cotisations patronales était essentiellement liée à la réduction du temps de travail.

... mais ils se détériorent fortement en 2002

En 2002, l'orientation des finances publiques a été modifiée. La politique budgétaire est devenue fortement expansionniste (impulsion de 0,7 point de PIB), mais elle n'a pas suffit à éviter le fort ralentissement économique. Le nouveau gouvernement a hérité de comptes publics nettement dégradés, mais n'a pas mis en place de politique de redressement. Le déficit des administrations a augmenté de 1,4 point de PIB et a atteint 2,8 %, repassant au-dessus du niveau de 1998 (2,7 %). La dette publique, qui s'était stabilisée en points de PIB en 2001 après deux ans de baisse, s'est remise à croître en 2002.

La détérioration du compte des administrations publiques en 2002 s'explique pour presque moitié par le ralentissement économique : la croissance d'environ 1 % a réduit les recettes fiscales d'environ 0,6 point de PIB par rapport à une croissance potentielle de 2,4 %.

TABLEAU VII.2. — FINANCES PUBLIQUES

En % du PIB

	1997	1998	1999	2000	2001	2002[1]	2003[1]
Déficit public	2,7[2]	2,7	1,8	1,3	1,4	2,7	2,9
Dette publique	59,3	59,5	58,5	57,3	57,3	58,6	59,3
Dépenses publiques	55,0	53,9	53,4	52,8	52,7	52,9	52,3
Prélèvements obligatoires	45,0	44,8	45,5	45,0	45,0	44,6	44,3

1. Prévision de la Commission européenne.
2. Hors soulte France Télécom, 0,45 % du PIB.

Sources : INSEE, comptes nationaux ; Commission européenne.

Pour le reste, l'augmentation du déficit des APU s'explique à parts *grosso modo* égales par les mesures de baisse des prélèvements obligatoires (0,4 % du PIB) et par la forte accélération des dépenses publiques qui augmentent de plus de 3 % (0,3 point de PIB).

Le projet de budget 2003 annonce que le déficit des administrations publiques atteindra 2,6 % du PIB en 2003, en supposant que la croissance atteigne 2,5 %. Les dépenses publiques ralentiraient sensiblement (+ 1,5 % en volume pour l'ensemble des administrations publiques) et les mesures de baisses de prélèvements obligatoires seraient limitées à environ 3 milliards en 2003 (IR et prime pour l'emploi, 1,1 milliard ; taxe professionnelle, 1,8 ; cotisations patronales, 0,8 ; contre une hausse des taxes sur le tabac, 0,7). La hausse spontanée des recettes fiscales diminuerait du fait du ralentissement de 2002.

Les menaces pesant sur la mise en œuvre de ce budget concernent essentiellement l'hypothèse de croissance et l'évolution des dépenses de santé. La majorité des économistes prévoit une croissance du PIB inférieure à 2 %, ce qui amputerait les recettes fiscales. Quelques semaines après le dépôt du projet de loi de finances, le gouvernement a annoncé que les hypothèses de recettes n'allaient pas être respectées. Déjà, dès le vote de la loi de finances rectificatives à l'été 2002, le gouvernement avait renoncé à dépenser une partie des crédits votés, et il a prévu de geler une partie des budgets 2003 dès le début d'année. Ceci rend les prévisions pour 2003 très difficiles et minore le rôle du Parlement.

La présentation du projet de loi de finances pour 2003 s'est accompagnée d'une perspective de finances publiques à l'horizon 2006. La projection suppose un net ralentissement des dépenses publiques (1,4 % l'an en volume), ce qui implique un contrôle très strict, d'autant que le gouvernement reconnaît que les dépenses de santé augmenteront au rythme de 2,5 % par an et qu'il veut accroître les dépenses militaires et de sécurité.

Deux scénarios sont présentés. Dans le premier, la croissance du PIB est de 2,5 % en moyenne en 2004-2006, proche de la croissance potentielle. Le déficit public se réduit à 1 point de PIB en 2006, ce qui signifie que la marge disponible pour la baisse des prélèvements obligatoires est quasiment nulle (1 milliard). Dans le second scénario, qui suppose une progression du PIB de 3 % l'an, le déficit public serait de 0,5 point en 2006. La marge disponible de baisse des PO serait donc de 7 milliards.

Les baisses d'impôts prévues par le candidat Jacques Chirac pour son quinquennat atteignaient environ 35 milliards d'euros (un tiers de l'IR : 18 ; impôts sur les bénéfices : 9 ; cotisations patronales : 6 ; TVA sur la restauration et les disques : 2). Les baisses déjà réalisées en 2002 ou figurant dans le budget 2003 représentent 6 milliards d'euros. Dans le scénario à 2,5 % de croissance, la baisse nette des prélèvements ne serait que de 7 milliards de 2002 à 2006. Dans le scénario à 3 % de croissance, elle serait de 13 milliards.

Cette projection a été critiquée par la Commission européenne car elle ne permettait pas un équilibre des finances publiques en 2006. Pourtant, elle prévoit une réduction du déficit structurel de 0,4 % par an. L'objectif d'un équilibre à moyen terme des comptes publics est plus contraignant que le seuil de 3 % : compte tenu des cycles économiques, un déficit structurel de l'ordre de 1,7 % du PIB est suffisant pour ne pas dépasser le seuil de 3 % en cas de conjoncture basse. Or, sur le plan macroéconomique, rien ne justifie un équilibre des soldes publics à moyen terme, qui implique une stabilisation de la dette en milliards d'euros et une diminution continue en points de PIB. Un déficit de 2 % suffit pour stabiliser la dette en proportion du PIB.

Une réorientation des dépenses publiques ?

Compte tenu de la très faible augmentation des dépenses de l'État depuis 1993, les gouvernements disposent de peu de marge pour financer leurs priorités. Entre 1997 et 2001, les dépenses primaires de l'État ont augmenté en moyenne de 1,1 % par an en volume. L'investissement a diminué de 1,6 % en moyenne, tandis que les rémunérations et les prestations et transferts sociaux augmentaient (de 1,6 % et 1,1 % respectivement). Après une accélération en 2002, les dépenses de l'État devraient être presque stables en volume en 2003. Le nombre d'emplois civils a été stabilisé entre 1998 et 2000 et a augmenté de 27 000 (+ 1,6 %) au total en 2001 et 2002. En 2003, 1 090 emplois sont supprimés, soit 3 % des fonctionnaires partant à la retraite et 0,1 % des effectifs. Les priorités annoncées par le gouvernement Raffarin sont très différentes de celles de son prédécesseur. En 2003, 2 milliards sont consacrés à la sécurité, à la justice et à la défense. L'investissement et les dépenses militaires étaient le parent pauvre de la précédente législature, qui favorisait d'avantage l'éducation nationale, l'emploi et la solidarité. Le projet de loi de programmation militaire 2003-2008, présenté par la nouvelle ministre de la Défense, prévoit au contraire presque 89 milliards d'euros de dépenses d'équipement en six ans, en hausse de 5,5 milliards par rapport au précédent programme. Cependant, compte tenu de l'inertie d'une grande part des dépenses, les priorités ne constituent toujours qu'une part marginale des budgets.

Le précédent gouvernement avait pris des mesures fortes concernant l'emploi : création des emplois-jeunes, réduction du temps de travail conjuguée à des baisses de cotisations patronales, durcissement des conditions de licenciement dans le cadre de la loi de modernisation sociale. L'orientation du gouvernement Raffarin est très différente. Les contraintes réglementaires (durée du travail, conditions de licenciement) ont été réduites, ainsi que le nombre d'emplois aidés dans le secteur public. Le gouvernement privilégie l'extension des réductions de charges patronales pour les bas salaires et l'emploi des jeunes dans le secteur privé.

Les prestations sociales versées par les administrations publiques représentent 26,6 % du PIB en 2001. Elles font l'objet d'un contrôle strict, excepté la santé. Ces dernières années, les bonnes performances économiques ont permis une modération des dépenses liées à la conjoncture (allocations chômage, prestations familiales sous conditions de ressources) et les prestations vieillesse ont bénéficié d'une situation démographique favorable. Cela a permis aux régimes de Sécurité sociale de retrouver des excédents et de financer des mesures en faveur des familles et des augmentations des aides au logement.

En 2000, première année de forts excédents de l'assurance chômage (Unedic) depuis 1996, les partenaires sociaux ont mis en œuvre une réforme ambitieuse, qui a placé le régime dans d'énormes difficultés financières dès le premier retournement conjoncturel : le déficit atteint 3,7 milliards en 2002, soit 17 % des recettes du régime. Les cotisations sociales Unedic sont sensiblement augmentées début 2003. De même, le gouvernement Jospin a introduit l'allocation personnalisée d'autonomie (APA), qui coûtera cher si le nouveau gouvernement n'en durcit pas les conditions d'accès. Fin 2002, l'APA était versée à 600 000 personnes et son coût était estimé à 3,7 milliards pour 2003. Dans les années à venir, les dépenses de santé et de retraite vont constituer un enjeu important de la politique économique. Si l'économie n'accélère pas et si les dépenses de santé continuent à croître plus vite que le PIB, les ingrédients d'une forte augmentation du poids des dépenses sociales et d'un danger sur les finances publiques seront réunis.

Les dépenses de santé ont représenté 9,9 % du PIB en 2001, contre 9,0 % en 1990 et 9,7 % en 2000. Après une forte croissance au début des années 1990 (+ 4,2 % par an en volume entre 1990 et 1993), la consommation de soins et de biens médicaux a connu un net ralentissement au milieu de la décennie (+ 1,4 % par an en volume de 1994 à 1997). Depuis 1998, les dépenses de santé ont accéléré pour atteindre un rythme de croissance en volume supérieur à 5 % en 2002. Entre 1990 et 1997, c'est le secteur hospitalier qui avait le plus fortement contribué à la progression des dépenses. Depuis, le dépassement systématique des objectifs votés par le Parlement est essentiellement imputable à la médecine de ville, notamment les remboursements de médicaments. La France est l'un des pays au monde dont la dépense de médicaments est la plus élevée.

Depuis 2000, une procédure d'évaluation de l'efficacité thérapeutique des médicaments et de déremboursement de ceux dont l'efficacité est faible a été engagée. En 2002, les dépenses hospitalières ont été gonflées par la mise en œuvre de la réduction du temps de travail. À son arrivée, le gouvernement Raffarin a augmenté les honoraires des médecins (527 millions d'euros en année pleine) ; ces derniers se sont engagés à développer les prescriptions de médicaments génériques. Le plan « Hôpital 2007 » engagé par le nouveau gouvernement prévoit une augmentation de l'investissement de 6 milliards sur 5 ans (+ 32 %) et une réorganisation du fonctionnement du système hospitalier, notamment en ce qui concerne la tarification : le système de dotation globale pour les hôpitaux publics serait progressivement remplacé par une tarification prenant en compte l'activité médicale (« tarification à la pathologie »).

Les prestations vieillesse représentaient 12,5 % du PIB en 2001, soit deux points de plus que vingt ans plus tôt. Cette hausse s'explique par le développement des régimes complémentaires pour les salariés du secteur privé, et par le fait que le nombre de retraités augmente et que les entrants ont des droits supérieurs aux sortants. Au milieu des années 1990, le pouvoir d'achat des pensions individuelles a baissé de 1 % à 3,5 % selon les catégories de retraités, du fait de l'augmentation des prélèvements sociaux et de la diminution des pensions versées par les régimes complémentaires. Depuis 1998, le pouvoir d'achat des retraités augmente légèrement.

TABLEAU VII.3. — PRESTATIONS DE PROTECTION SOCIALE [1]

	En points de PIB			Croissance moyenne en volume	
	1990	1995	2001	1990-1995	1995-2001
Vieillesse	11,3	12,6	12,5	2,9	2,2
Santé	9,0	9,7	9,9	2,2	2,7
Famille	2,9	3,1	2,9	2,2	1,3
Emploi	2,3	2,3	1,9	0,4	– 0,8
Autres [2]	1,0	1,3	1,3	6,6	2,0
Total	26,5	29,0	28,5	2,6	2,1

1. Ensemble des prestations, y compris celles versées par les entreprises, les mutuelles et les associations (7,1 % du total en 2000, soit 2,1 points de PIB).

2. Logement, pauvreté – exclusion, insertion professionnelle.

Source : DREES.

À partir de 2006, le nombre de retraités augmentera beaucoup plus vite du fait de l'arrivée à la retraite des premières générations du *baby-boom*. En l'absence de réforme des régimes, selon le Conseil d'orientation des retraites (COR), les taux de cotisations devront être augmentés de 9 points d'ici 2040 et le niveau moyen des pensions passerait de 78 % à 64 % du salaire net moyen. Il sera nécessaire de reculer l'âge de cessation d'activité. Cela suppose en premier lieu de remettre en cause les dispositifs de préretraite, ce qui est difficile en situation de chômage élevé : les entreprises et les salariés souhaitent bénéficier de dispositifs de départ anticipé en partie financés par la collectivité ; et les préretraites permettent au gouvernement de réduire les statistiques de chômage. Le nombre de préretraités oscille entre 450 000 et 500 000 personnes depuis le milieu des années 1990. En 2003, le gouvernement a finalement reconduit les dispositifs de préretraite dans le privé en cas de licenciements économiques, mais a réduit la contribution de l'État, et les préretraites ont été supprimées dans le secteur public. Le gouvernement a annoncé la périlleuse réforme des retraites pour l'année 2003.

Bibliographie

CONSEIL D'ORIENTATION DES RETRAITES : *Retraites : renouveler le contrat social entre les générations*, La Documentation française, Paris, 2002.

FITOUSSI J.P. et CREEL J., *How to reform the European Central Bank*, Centre for European Reform, 2002.

DUPONT G., STERDYNIAK H. et TIMBEAU X., « Quelle stratégie économique pour la France ? », *Lettre de l'OFCE*, n° 219, 28 mars, 2002.

DUPUIS & RATTIER, « Comptes de la protection sociale 2002 », *Drees*, *séries statistiques*, n° 40, septembre,2001.

EUROPEAN COMMISSION, *Autumn 2002, Economic Forecasts*, novembre, disponible sur le site de la Commission : http://europa.eu.int/comm/economy_finance/publications/european_economy/2002/ee502en.pdf.

Ministère de l'Économie, des Finances et de l'Industrie, *Projet de loi de finances pour 2003*, septembre 2002.

OFCE, « Perspectives pour 2002-2003 », *Revue de l'OFCE*, n° 83, octobre 2002.

OCDE, *OECD economic outlook*, novembre 2002.

VIII/ La position de la France en Europe *

Éric Heyer et Mathieu Plane

La bonne santé économique d'un pays est liée à l'évolution du niveau de vie de ses habitants. D'après une étude d'Eurostat, la France aurait vu sa situation, mesurée par le PIB par tête, se détériorer par rapport à la moyenne européenne.

Même si ce type de mesure est fragile, car sensible au calcul des parités de pouvoir d'achat, il attire l'attention sur un problème réel. La France s'est relativement appauvrie de 1992 à 2000, mais c'est essentiellement de 1992 à 1997 que sa situation s'est dégradée. Depuis, sa position a plutôt tendance à s'améliorer. Sur cette période, d'aucuns verront ici le résultat d'un *policy mix* particulièrement inadapté et anormalement restrictif. Pour d'autres, cet appauvrissement relatif est la conséquence d'un niveau de prix plus élevé en France que chez nos partenaires européens. Enfin, pour d'autres encore, les causes sont à chercher sur le marché du travail, son fonctionnement pouvant expliquer les écarts de productivité du travail et de taux d'emploi entre les différents pays.

Des questions restent en suspens. D'une part, quelle est la mesure la plus fiable pour comparer les PIB par habitant, sachant qu'il existe des disparités importantes en termes de calcul de prix relatifs et de paniers de biens entre pays ? D'autre part, quels sont les facteurs qui peuvent expliquer l'appauvrissement relatif de la France au sein de l'Union européenne ?

---

* Ce chapitre résume la *Lettre de l'OFCE*, n° 217, mars 2002.

PIB par tête : quelle mesure pour quel constat ?

La comparaison des PIB par habitant doit être établie dans une seule et même monnaie. Selon le taux de change retenu, des écarts notables, pour un même pays, peuvent apparaître.

La méthode usuelle pour établir ce genre de comparaison consiste à transformer les monnaies locales en une même devise, le dollar, à partir d'un taux de change construit selon un standard de pouvoir d'achat (SPA). Ce taux de change SPA tient compte du coût de la vie dans les pays et permet de neutraliser les effets de change courant et d'inflation locale. Si cette mesure semble cohérente pour établir une comparaison internationale du revenu par habitant, la détermination de ce taux de change SPA est fragile et comporte une incertitude statistique importante. La parité de pouvoir d'achat est en effet un concept complexe qui nécessite de prendre en compte les différences de prix, dans l'espace et dans le temps, d'un même panier de biens et de services représentatif de la production ou de la consommation nationales, alors même que les composantes de la consommation ou de la production entre deux pays peuvent être très différentes. De plus, il est très difficile d'évaluer précisément la qualité de certains services (dont la santé, l'éducation...), qui peut varier fortement selon les pays.

Les divers problèmes liés au calcul du SPA engendrent des incertitudes dans les classements de PIB par habitant selon la source statistique retenue. Le classement de la France est en effet différent si l'on se réfère à la mesure du CEPII (5e) ou de la Banque mondiale (9e), plutôt que celle d'Eurostat et de l'OCDE (12e), ces deux organismes faisant partie du même projet de comparaison internationale.

Les comparaisons dans le temps des PIB par habitant sont délicates car soumises aux changements des comportements de consommation et de production, ce qui amène les différents instituts à réviser régulièrement la composition du panier de biens de référence. Par conséquent, la comparaison des PIB par tête en SPA en Europe entre 1992 et 2000 ne prend pas pour base le même panier de biens.

Dans une comparaison dynamique du revenu par habitant, et de manière à mesurer plus précisément la contribution de la croissance à l'érosion du PIB par tête français, il semble plus judicieux de mesurer les PIB par tête à parité de pouvoir d'achat constante établie pour une année de référence. Nous avons appliqué aux indices de PIB par tête de l'année 1992, point de départ de la comparaison, les taux de croissance du PIB fournis par les comptabilités nationales et les taux de croissance de la population. Cette méthode revient à utiliser le travail soigneux des instituts nationaux de statistique pour prendre en compte le partage entre les volumes et les prix. Cet indice « volume calé » peut être ensuite comparé à l'indice SPA. De cette comparaison, il apparaît que la croissance française, mesurée par la comptabilité nationale, n'explique que 30 % de la baisse du PIB par tête en SPA (graphique VIII.1).

GRAPHIQUE VIII.1. — INDICE RELATIF DU PIB PAR TÊTE DE LA FRANCE

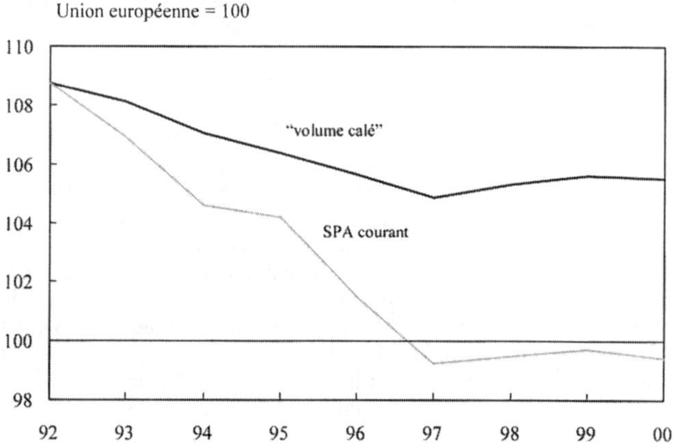

Sources : Eurostat ; INSEE.

La valeur du PIB, aux révisions près, étant identique, l'écart entre les deux indices est le résultat d'un partage volume/prix différent entre l'institut européen et français, et notamment d'une perception différente de l'évolution des prix. Selon le taux de change SPA d'Eurostat, et contrairement aux chiffres fournis par la comptabilité nationale, les prix auraient plus fortement augmenté en France que chez nos partenaires. Dans un récent travail, l'INSEE (*cf.* encadré) conteste cette mesure. Si les chiffres d'Eurostat sont toutefois justes, il faut revisiter l'histoire de la croissance économique française sur la dernière décennie (graphique VIII.2). D'après les séries de prix recalculées à partir du taux de change en SPA fourni par Eurostat, l'économie française aurait connu des fluctuations plus fortes que celles enregistrées par l'INSEE. La récession de 1993 (– 3,1 % pour Eurostat contre – 1 % pour l'INSEE), comme la reprise de 1995 (4 % contre 1,9 %) auraient été plus marquées. Par ailleurs, l'économie française aurait connu une récession en 1996 (– 1,1 % contre 1,1 %).

L'inflation en France selon Eurostat

Selon Eurostat, entre 1992 et 2000, l'inflation française cumulée est de 6 % supérieure à la moyenne européenne, alors que pour l'INSEE, elle est inférieure de 0,4 %. L'analyse détaillée de l'évolution des prix relatifs français est parfois surprenante : par exemple, en 1997, selon les données utilisées par Eurostat, les prix de la construction s'accroissent en France de plus de 40 % par rapport à la moyenne. Rien dans les évolutions de l'indice du coût de la construction suivi et publié par l'INSEE, qui présente une augmentation de 2,4 % pour 1997, ne permet de confirmer une telle évolution. A l'inverse, l'enseignement connaîtrait une baisse de prix relatifs de plus de 20 %, aussi peu crédible. Pour plus de détails sur le sujet, le lecteur pourra se référer à F. Magnien, J.L.Tavernier et D. Thesmar [2002].

GRAPHIQUE VIII.2. — LA CROISSANCE DE L'ÉCONOMIE FRANÇAISE

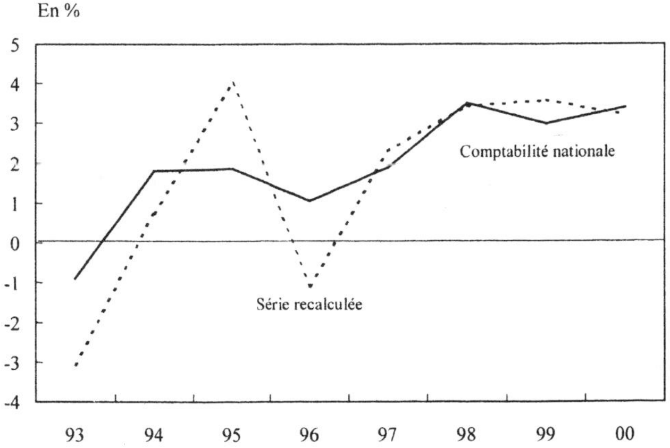

Source : Eurostat, Comptabilité nationale.

En écart de croissance cumulée par rapport à la moyenne européenne entre les deux sources statistiques, la France serait la grande perdante (– 6,2 points dont 40 % s'expliquent par une sous-estimation de la croissance française, 60 % par une surestimation de la croissance au sein de l'Union européenne) avec le Royaume-Uni (– 3,9 points), contrairement à l'Allemagne (+ 3,4 points) et l'Italie (+ 1,4 point).

La hiérarchie des revenus par habitant dépend de l'indicateur statistique retenu, ce qui oblige à la prudence en termes de classement, surtout lorsque les écarts entre pays sont faibles (tableau VIII.1). Il est possible toutefois de distinguer, à l'instar des analyses menées par l'OCDE [Schreyer et Koechlin, 2001], trois groupes de pays au sein de l'Union européenne, et ce, quelle que soit la mesure de PIB par habitant retenue.

Le premier groupe, constitué du Danemark et de l'Irlande, se caractérise par un niveau élevé du revenu par habitant. Le deuxième groupe composé, de neuf pays, dont la France, l'Allemagne, le Royaume-Uni et l'Italie, représente plus de 92 % du PIB européen (tableau VIII.1).

L'incertitude statistique pesant sur la mesure du PIB par tête en SPA étant relativement grande, il est difficile d'établir un classement précis et fiable au sein même de ce groupe. En effet, selon les mesures de prix d'Eurostat, la France serait, en termes de revenu par habitant, en dessous de la moyenne européenne et dernière de ce groupe. Cependant, si l'on retient les mesures de prix des comptables nationaux, la hiérarchie au sein de ces pays se modifie (tableau VIII.1 ligne 4). Les Français seraient en moyenne 5,5 % plus riches que l'Européen moyen, et la France ne se situerait plus en dernière position de ce groupe mais au contraire se maintiendrait dans la fourchette haute, devant l'Allemagne, le Royaume-Uni et l'Italie.

Le dernier groupe, constitué de pays du sud de l'Europe (Espagne, Portugal et Grèce), se caractérise par son retard sur la moyenne européenne, en termes de revenu par habitant.

Une moindre croissance relative de la France...

Si les changements de position au sein du groupe central des pays de l'Union européenne sont peu significatifs compte tenu de l'imprécision de la mesure des PIB en SPA, il est cependant évident, quel que soit l'indicateur retenu, que la France a connu un appauvrissement relatif depuis 1992. Celui-ci est continu de 1992 à 1997 (graphique VIII.3).

TABLEAU VIII.1 — PIB PAR HABITANT EN STANDARD DE POUVOIR D'ACHAT

Union européenne (hors Luxembourg pour l'OCDE) = indice base 100

	USA	Dan.	Irl.	P-B	Aut	Bel.	All.	Fin.	Ita.	Suè.	UK	Fra.	Esp.	Por.	Grè.
SPA en 2000 - **Eurostat** -	154,8	122,6	118,5	115,3	110,9	106,7	105,4	103,2	102,4	101,9	101,5	99,2	82,5	73,5	69,2
Classement	1er	2e	3e	4e	5e	6e	7e	8e	9e	10e	11e	12e	13e	14e	15e
SPA en 2000 - **OCDE** -	146,2	121,0	119,7	114,2	110,8	107,4	106,3	103,6	103,2	101,9	100,1	99,4	82,6	74,0	69,0
Classement	1er	2e	3e	4e	5e	6e	7e	8e	9e	10e	11e	12e	13e	14e	15e
SPA en 1992 - **OCDE** -	140,7	107,8	79,9	104,1	108,4	110,5	108,8	87,2	105,0	100,4	98,1	108,7	79,1	66,4	62,2
Classement	1er	6e	12e	8e	5e	2e	3e	11e	7e	9e	10e	4e	13e	14e	15e
SPA 92 + CN *(A*B*C)* *	151,6	111,1	122,7	108,6	108,0	110,9	102,9	99,8	101,7	102,8	103,7	105,5	82,9	69,2	63,3
Classement	1er	3e	2e	5e	6e	4e	9e	12e	11e	10e	8e	7e	13e	14e	15e
Dont : Prodté du travail app. **(A)**	131,8	93,0	121,0	95,0	100,6	119,0	96,8	94,9	118,7	90,5	93,7	112,1	92,4	63,6	71,5
Classement	1e	11e	2e	8e	6e	3e	7e	9e	4e	13e	10e	5e	12e	15e	14e
Taux d'emploi **(B)**	116,2	119,6	101,1	113,0	106,1	95,0	104,7	105,0	84,4	117,9	113,4	96,5	88,0	107,0	87,5
Classement	3e	1e	10e	5e	7e	12e	9e	8e	15e	2e	4e	11e	13e	6e	14e
Part des 15-64 ans **(C)**	99,0	99,9	100,3	101,2	101,4	98,1	101,5	100,2	101,5	96,3	97,6	97,5	102,0	101,7	101,2
Classement	11e	10e	8e	7e	5e	12e	3e	9e	4e	15e	13e	14e	1er	2e	6e

* D'après cette décomposition, on s'aperçoit que la France est un des pays de l'Union européenne qui a la plus forte productivité du travail (5e) mais aussi un des taux d'emploi les plus faibles (11e) et un des ratios de dépendance les plus élevés (14e). Cette faiblesse du taux d'emploi français s'explique d'une part par les faibles niveaux d'activité des jeunes (15-24 ans) et des personnes âgées (55-64 ans), d'autre part par le niveau du taux de chômage supérieur à la moyenne européenne (9,5 % en 2000 en France contre 8,2 % dans l'Union européenne). La faible part des personnes âgées de 15 à 64 ans dans la population totale explique aussi en partie le mauvais classement de la France en termes de PIB par tête. A cet égard, il est intéressant de distinguer le ratio de dépendance des jeunes de celui des personnes âgées. Si une part importante de personnes âgées peut être un handicap pour une économie (problème du financement des retraites, hausse des dépenses de santé...), un nombre important de jeunes est un atout dans une société vieillissante. Or la France a proportionnellement moins de personnes âgées et plus de jeunes que la moyenne européenne grâce à la fécondité des femmes françaises, qui est restée relativement dynamique par rapport à celle de ses voisins européens depuis la fin des années 1980. D'un point de vue macroéconomique, la hausse récente des naissances est une bonne nouvelle pour la croissance potentielle des années 2020-2030, l'expansion d'un pays dépendant, entre autres, de l'évolution de sa population active. En revanche, une fécondité dynamique contribue à réduire le ratio du PIB par tête, désavantageant la France dans les classements internationaux.

La population est relativement inerte à moyen terme et les différences de croissance démographique entre les pays sont faibles. L'évolution des PIB par habitant en « volume calé » peut donc être analysée à partir des taux de croissance relatifs que nous fournissent les comptables nationaux. Un premier examen rapide confirme l'érosion de la position de la France. Sur la période 1992-2000, la France a connu, à l'instar de l'Allemagne, une croissance inférieure de près de 2 points à la moyenne européenne. Cet écart s'est creusé essentiellement durant la période 1992-1997. Depuis, et contrairement à l'Allemagne, la France a compensé une partie de son retard, avec une croissance supérieure de 1 point à la moyenne européenne entre 1998 et 2000.

L'Italie a connu également, sur la dernière décennie, une croissance inférieure à la moyenne européenne, mais, contrairement à la France, les deux tiers de cette perte relative de croissance ont eu lieu entre 1998 et 2000. En revanche, de 1992 à 2000, le Royaume-Uni, ne subissant pas les contraintes liées aux critères de Maastricht, a eu une croissance forte, qui lui a logiquement permis d'améliorer sa position relative en termes de PIB par tête.

... résultat d'une politique économique peu accommodante

Cette moindre croissance de la France, et de l'Allemagne, serait le résultat d'une politique économique peu accommodante. En France, depuis le tournant de 1983 et jusqu'en 1997, la priorité a été donnée à la désinflation compétitive — franc fort, faible inflation, sagesse macro-économique, visant à restaurer la compétitivité de l'économie —, au marché et à la monnaie unique. Avec l'ancrage du franc sur le mark, cette orientation politique a été tenue, fût-ce au prix d'un choc monétaire dévastateur dû à la réunification allemande au début des années 1990. Ainsi, de 1982 à 1997, les taux d'intérêt réels ont toujours été supérieurs à la croissance, signe d'une politique monétaire restrictive.

La politique budgétaire française, au même titre que celle de ses partenaires de la zone euro, s'est trouvée très contrainte, jusqu'en 1997, par le respect des critères de Maastricht. La politique de désendettement de l'État, associée à un niveau élevé de la dépense publique, a conduit à augmenter les prélèvement obligatoires et réduit la croissance du PIB.

Le choix de l'Europe, en enfermant les marges de manœuvre budgétaires dont pouvaient disposer les différents gouvernements français dans un carcan incompressible, a certes freiné dans un premier temps l'activité économique du pays ; mais elle a toutefois porté ses fruits par la suite, en restaurant la crédibilité de la France, ce qui s'est traduit par une réduction de la prime de risque sur les taux d'intérêt et en lui permettant de retrouver sa compétitivité. La perspective de l'Union monétaire a rendu possible, dès 1997, un volontarisme politique en matière économique. De 1997 à 2000, la France a enregistré la plus faible inflation des grands pays d'Europe, la plus forte croissance et, en même temps, le plus important excédent de la balance courante.

GRAPHIQUE VIII.3. — INDICE RELATIF DU PIB PAR TÊTE « VOLUME CALÉ » DANS LES PRINCIPAUX PAYS DE L'UNION EUROPÉENNE

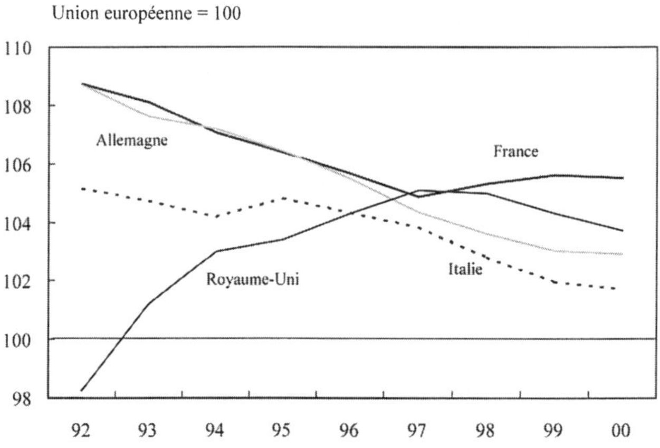

Sources : Eurostat, Comptabilités nationales.

L'union monétaire ne saurait pour autant expliquer à elle seule les résultats obtenus en France. Car le changement qui s'est produit depuis 1998 en termes de croissance et d'emploi ne s'est retrouvé ni en Italie ni en Allemagne, alors même que ces deux pays se situaient dans le même environnement international et monétaire.

Deux angles de vue

Le débat autour de la place de la France en termes de richesse par habitant peut être abordé sous deux angles.

Le premier est statistique, relatif à la mesure des niveaux de prix et de son incidence sur l'évaluation du PIB par tête. Si, à cet égard, le niveau affiché par Eurostat pour la France paraît très discutable et sous-estime la croissance française en volume comparativement à la moyenne européenne, rien n'indique pour autant que celui fourni par l'INSEE ne soit pas entaché également d'imprécision. À l'instar des résultats mis en avant dans le rapport Boskin, mais sans en appliquer vraiment les recommandations méthodologiques, l'institut français reconnaissait en 1997 que son indice de prix, calculé de manière différente des autres pays, pouvait être surestimé de 0,1 à 0,25 point par an. Cela plaide pour une collaboration plus étroite entre les instituts nationaux et internationaux afin d'aboutir à une harmonisation dans les méthodes mises en œuvre pour l'évaluation de l'inflation.

Le deuxième angle est plus économique : derrière les problèmes statistiques se cachent des effets réels. La politique économique menée entre 1998 et 2000 semble avoir permis à la France de rattraper une partie de son retard accumulé durant les années 1992-1997. Pour cette décennie, un taux d'emploi à 70 % à l'horizon 2010, qui correspond à l'objectif fixé au sommet de Lisbonne, permettrait à la France de continuer de combler cet écart.

Bibliographie

SCHREYER P. et KOECHLIN F., « Purchassing power parities, 1999 Benchmark results », disponible sur le site de l'OCDE, 2001.

MAGNIEN F., TAVERNIER J.L. et D. THESMAR, « Les statistiques internationales de PIB par habitant en standard de pouvoir d'achat : une analyse des résultats », *document de travail de l'INSEE*, G 2002/01, février 2002.

IX / La Banque centrale européenne et l'euro *

Jérôme Creel et Jacky Fayolle

Les débuts de la Banque centrale européenne (BCE) livrent une impression mitigée. Les statuts de la BCE et les conditions économiques qui ont présidé à sa création ont pesé lourdement dans la définition de ses références, à savoir la fixation d'un objectif d'inflation très bas. La BCE n'a certes pas vraiment failli, elle a même accompagné plutôt adroitement au cours de l'année 1999 la sortie de l'économie européenne du « trou d'air » causé par l'impact de la crise asiatique. Cet épisode lui a permis de manifester sa vigilance à l'égard du risque déflationniste et d'afficher la réalité, *a priori* incertaine, d'une borne inférieure à la cible d'inflation : l'objectif d'une croissance annuelle des prix à la consommation de la zone euro inférieure à 2 % signifie aussi l'exclusion d'une inflation négative.

En dépit de ces efforts de clarification et d'adaptation, les opérateurs et les commentateurs n'ont semblé accorder à la BCE qu'une confiance limitée. Les expressions publiques de ses dirigeants, révélant leurs discordances et leurs tâtonnements, ont été commentées avec une certaine ironie. Cette impression s'est renforcée durant l'été 2000, lorsque les déclarations et les interventions unilatérales de la BCE s'avérèrent impuissantes à contrer la baisse de l'euro et qu'il fallut attendre une intervention coordonnée avec la Fed et la Banque du Japon, en septembre, pour

---

* Ce chapitre est une version remaniée et actualisée de la *Lettre de l'OFCE*, n° 215, 15 février 2002.

obtenir une stabilisation plus significative, quoique de faible durée. La hausse de l'euro, survenue depuis la fin du mois d'août 2002, relève pour sa part plus de la défiance des investisseurs vis-à-vis des perspectives de croissance américaines, étant pour partie la conséquence des scandales financiers à répétition frappant quelques-uns des fleurons du capitalisme américain.

Les tergiversations de la BCE ne sont pas non plus apparues à son avantage quand il fallut près de six mois à ses autorités pour envisager une baisse d'un quart de point de son principal taux directeur, en mai 2001, et qu'une nouvelle baisse, de même ampleur, n'est intervenue qu'à la fin du mois d'août. Depuis la fin de l'année 2000, le retournement cyclique intervenu aux États-Unis faisait en effet craindre un ralentissement consécutif de la croissance européenne. Ces baisses limitées et espacées n'ont pas donné une indication claire sur l'orientation de l'action de la BCE. Privilégiant la prudence face aux résurgences inflationnistes ponctuelles, celle-ci a gardé le cap d'une gestion rigide des taux d'intérêt, qui n'a pas permis de contrer préventivement la décélération de l'activité européenne au cours de l'année 2001.

GRAPHIQUE IX.1. — TAUX DIRECTEURS DE LA FED ET DE LA BCE

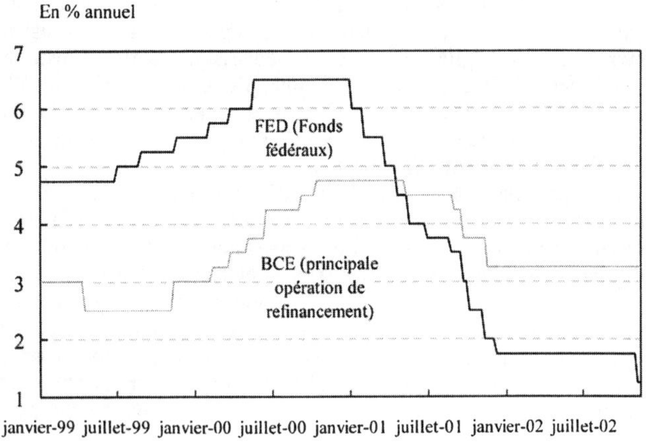

Source : Datastream.

En septembre, la BCE a décidé une baisse d'un demi-point mais ceci est plus apparu comme une concession à la situation créée par les attentats aux États-Unis que comme l'engagement d'une action résolue contre la menace récessive. C'est seulement en novembre qu'une nouvelle baisse fut consentie, ce qui contrastait alors avec l'action plus franche et continue de la Fed, laquelle baissa son taux directeur par deux fois, au total d'un point, dans le mois suivant les attentats, et confirma ensuite cette orientation baissière fin 2001, puis fin 2002 (graphique IX.1).

Depuis novembre 2001, et ce jusqu'à la mi-novembre 2002 au moins, la rigidité des taux directeurs dans la zone euro révèle la volonté manifeste de la BCE de ne pas peser sur l'activité économique. En comparaison avec les États-Unis, il existait en effet en Europe des marges de manœuvre pour mener une politique monétaire plus accommodante.

Quatre ans de politique monétaire…

Porter une appréciation sur la politique menée par la BCE depuis le démarrage de la zone euro, en janvier 1999, est malaisé. L'expérience est encore courte et la référence permettant d'évaluer la performance de cette politique n'est pas clairement établie. Néanmoins, en quatre ans, la politique de la BCE a parcouru un cycle complet, si l'on en juge par la trajectoire de son principal taux directeur (graphique IX.2).

Cette oscillation complète du taux directeur est à l'image des fluctuations européennes : les cycles sont vraiment raccourcis. Mais on ne peut qu'être frappé par le fait que ce mini cycle apparaît reproduire, en le décalant et en l'amortissant, le mouvement analogue qui intervient aux États-Unis, au terme d'une histoire des années 1990 fort différente pour ce pays.

Le taux de change de l'euro par rapport au dollar (graphique IX.2) semble pour sa part répondre à deux influences : les écarts de croissance anticipée entre les États-Unis et la zone euro [Creel et Fayolle, 2002] et les écarts de taux d'intérêt. Sur ce dernier point, on notera que la parité non couverte des taux d'intérêt semble, *grosso modo*, pouvoir s'appliquer au cas du taux de change euro/dollar. Pour que cette parité soit satisfaite, il faut que « le rendement des actifs européens puisse être égal au rendement des actifs américains corrigé des gains ou pertes de change anticipés, faute de quoi les investisseurs saisissent les opportunités d'arbitrage » [Bénassy-Quéré et Coeuré, 2002]. Or, de janvier 1999 à mai 2001, l'écart positif entre le rendement nominal des titres américains et européens nécessite l'*anticipation* d'une appréciation de l'euro, qui se matérialise par une dépréciation immédiate et continue de l'euro par rapport au dollar (la théorie sous-jacente est due à Dornbusch [1976]). Avec l'inversion de l'écart entre les deux rendements nominaux à partir de mai 2001, l'euro s'apprécie, ce qui est conforme à l'*anticipation* d'une dépréciation *future* de l'euro.

Si cette théorie nous aide à prévoir les évolutions de la parité euro/dollar, elle ne dit rien quant aux effets de ces évolutions sur la conjoncture. Il faut souligner que la dépréciation initiale de l'euro a été bénéfique pour la zone euro en participant à l'amélioration des soldes extérieurs. Les évolutions plus récentes sont de ce fait plutôt inquiétantes : la croissance européenne peinera à être tirée par les exportations nettes.

GRAPHIQUE IX.2. — TAUX D'INTÉRÊT COURT ET LONG DANS LA ZONE EURO ET TAUX DE CHANGE EURO/DOLLAR

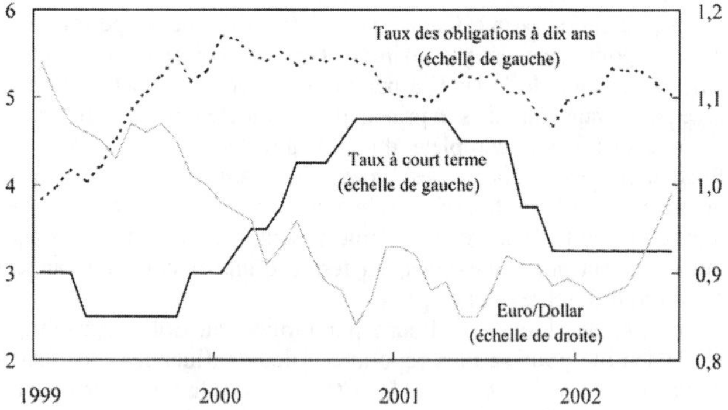

Sources : BCE ; FMI.

Le *timing* de la politique monétaire en Europe peut être apprécié diversement, selon la référence choisie. On peut ainsi le rapporter :

— aux données observables de la conjoncture de la zone euro ;

— aux évolutions de la politique monétaire américaine et de ses effets sur les marchés financiers internationaux.

… fonction de conditions internes…

La BCE a réagi très rapidement à l'accélération de l'inflation (graphique IX.3). La première hausse de taux, en novembre 1999, intervient alors que depuis l'été le glissement de l'indice des prix passe progressivement d'un rythme de 1 % à 1,5 % l'an. Par la suite, l'accélération de l'indice des prix se poursuit, nourrie jusqu'au printemps 2001 par les chocs pétrolier et alimentaire. Elle approche alors un pic de 3,5 % l'an avant de se replier vers le seuil de 2 %. Jusqu'à l'automne 2000, l'accélération de l'inflation suscite une hausse plus que proportionnelle du taux de refinancement, qui élève le taux court réel. Depuis la fin 2001, la politique monétaire est restée atone malgré un rythme d'inflation supérieur à 2 % : face à la décélération continue de la croissance du PIB de la zone euro en 2001 (graphique IX.4), il était indéniable que le taux d'inflation de « moyen terme » ne pouvait pas s'établir durablement au-dessus de 2 %.

Le caractère restrictif de la politique menée par la BCE est patent (graphique IX.4). Une fois passé le trou d'air consécutif à la crise asiatique, le pic de la croissance européenne fut atteint à la jonction des années 1999 et 2000.

GRAPHIQUE IX.3. — TAUX D'INFLATION ET D'INTÉRÊT DANS LA ZONE EURO

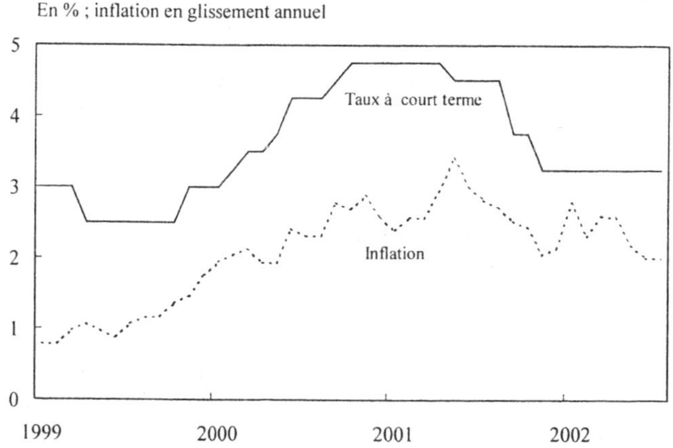

Source : BCE.

GRAPHIQUE IX.4. — TAUX D'INTÉRÊT ET CROISSANCE DANS LA ZONE EURO

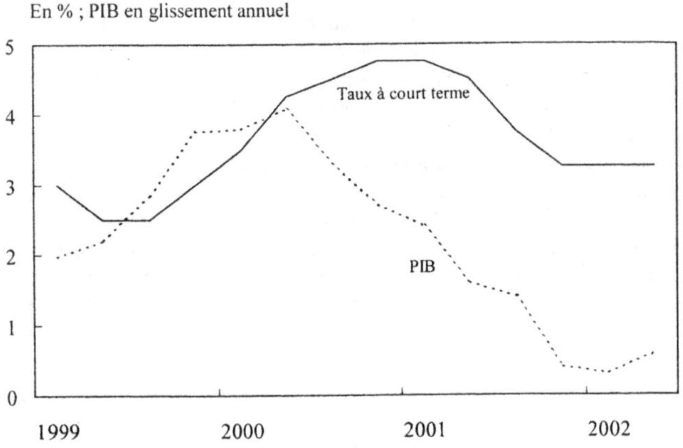

Sources : BCE ; Eurostat.

Dès le printemps 2000, le ralentissement de la croissance du PIB européen est sensible et s'affirme progressivement. Jusqu'au début de l'année 2001, la politique monétaire européenne s'est significativement resserrée, alors que le ralentissement de la croissance européenne était déjà engagé, prioritairement sur des bases internes, et que la phase d'expansion n'avait pas été assez consistante et durable pour amener le produit européen franchement au-dessus de son niveau potentiel (non inflationniste), tel qu'il est généralement estimé.

… ou suiveuse vis-à-vis de la Fed ?

On peut, très simplement, rapprocher les taux courts et longs de la zone euro de leurs homologues américains (graphique IX.5). Déjà, le graphique IX.1, qui rapproche, en termes hebdomadaires, le taux de refinancement de la BCE du taux des *Fed Funds* suggère une adaptation décalée et amortie (avec un retard pouvant approcher les six mois) des décisions européennes aux impulsions de la politique monétaire américaine.

Évidemment, la prudence est de mise et il serait outrancier de conclure à un suivisme passif de la BCE. Le contexte de cette époque est en effet celui d'une resynchronisation partielle des économies américaine et européenne, qui se retrouvent ensemble en expansion puis en phase de décélération de la croissance. Bien sûr, l'économie américaine, jusqu'en 2000 inclus, part d'un niveau d'activité plus élevé et reste plus dynamique que celle de la zone euro : le différentiel d'activité et de croissance est toujours en sa faveur. Il n'est donc pas anormal que les taux courts américains devancent leurs homologues européens et que le cours de l'euro par rapport au dollar soit plutôt baissier, qu'il soit influencé par les perspectives comparées de croissance ou par l'écart de taux.

GRAPHIQUE IX.5. — TAUX D'INTERÊT COURTS ET LONGS, ÉTATS-UNIS ET ZONE EURO

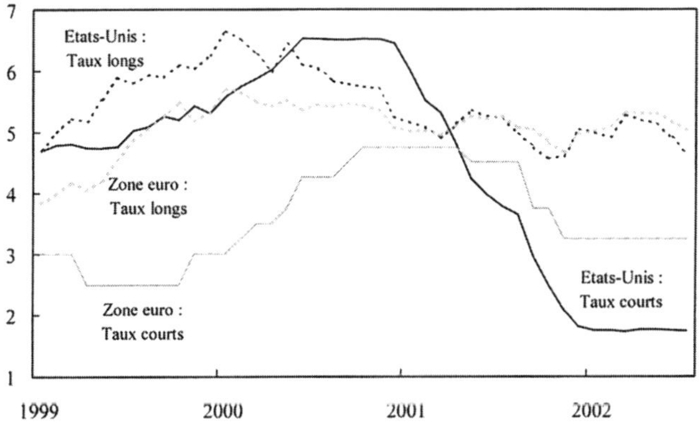

Sources : BCE ; Rexecode.

L'interrogation qu'on peut avoir porte sur le bien-fondé d'une hausse sensible des taux d'intérêt européens accompagnant finalement au cours de l'année 2000 la hausse engagée des *Fed funds*, alors que l'expansion européenne n'a pas la même maturité que la croissance américaine. Sans qu'il s'agisse d'un suivisme étroit, la BCE peut avoir pris en compte, dans ses décisions, les risques inflationnistes associés à la trajectoire plus synchrone de l'économie mondiale entraînée par le dynamisme américain. L'inflation importée d'origine « réelle », suscitée par les tensions entre la demande et l'offre à l'échelle mondiale (les tensions pétrolières en étant un élément), et l'inflation importée d'origine monétaire (la baisse de l'euro) auraient alors pesé lourd dans les motivations, au moins implicites, de la BCE. La situation interne de la zone euro ne paraissait guère faire peser le risque d'un enchaînement inflationniste qui amplifie, *via* la boucle prix-salaires, le regain d'inflation importée. Cette vision du comportement de la BCE complète la première approche, mais elle met l'accent sur la difficulté, pour la BCE, à tenir l'équilibre entre l'adaptation à la conjoncture mondiale et la prise en compte de la réalité européenne.

Côté taux courts comme côté taux longs, la zone euro semble plus subir les contraintes de la conjoncture mondiale que faire preuve d'une véritable autonomie. L'impact n'en doit certes pas être exagéré. En moyenne dans la zone, la contrainte monétaire est bien plus relâchée que dans les années antérieures à l'unification monétaire, si l'on prend en compte à la fois le niveau des taux d'intérêt et la dépréciation de l'euro. Cet allègement a joué pour nourrir l'expansion européenne retrouvée et le début de son autoentretien par les créations d'emplois.

Cependant, l'action de la BCE sur la formation des taux longs est moins convaincante que celle de la Fed. À partir de la fin 1999, l'orientation des taux longs européens est hésitante : leur montée s'interrompt. Toutefois, si les craintes d'une résurgence inflationniste manifeste et persistante étaient restées fondées, cette montée aurait dû accompagner le resserrement monétaire qui n'a pris fin qu'à l'automne 2000 ; à l'inverse, ils ne baissent pas non plus franchement, avant l'automne 2000, ce qu'ils auraient fait si la BCE avait convaincu de l'efficacité rapide de sa restriction monétaire. Ils suivent, en l'amortissant, la tendance baissière américaine. Depuis le début de l'année 2001, il est assez remarquable de voir que les taux longs américains et européens sont très proches alors que les baisses de taux (courts) mises en œuvre respectivement par la Fed et la BCE diffèrent si fortement par leur ampleur. La BCE a bien du mal à imprimer sa marque propre sur l'orientation des taux longs européens.

Ainsi est-on tenté de conclure à l'inertie de la BCE, comparativement au caractère résolu du relâchement monétaire américain face à la menace récessive tout au long de 2001. Il faut cependant noter que la réactivité de la Fed n'est pas incompatible avec un gradualisme de son action (une séquence rapprochée de décisions allant dans le même sens et informant clairement sur l'orientation qui prévaut), tandis que l'inertie de la BCE peut conduire à des à-coups ponctuels et perturbateurs dans la mise à jour de la politique monétaire.

La stratégie de la BCE, dite des deux piliers, entend marier la référence à une cible quantitative de moyen terme (agrégat monétaire M3) avec l'examen circonstancié des déterminants multiples de l'inflation. Elle exprime une ambivalence non résolue, entre fidélité formelle à l'héritage de la Bundesbank et prise en compte des « bonnes pratiques » des banques centrales anglo-saxonnes. Il n'est pas sûr que ce soit un mariage stable. Le second pilier de la stratégie oriente plutôt l'action de la BCE vers un ciblage direct du niveau d'inflation futur, qui nécessiterait plus de transparence de la part de la BCE et l'adoption d'une fourchette-cible.

L'inertie de la BCE est un obstacle supplémentaire à la crédibilité de sa politique. La BCE semble prendre le temps d'accumuler de l'information avant de faire évoluer ses principaux taux directeurs. Si une telle inertie est commune parmi les banques centrales, elle peut impatienter les marchés, et ce d'autant plus que les réactions de la BCE sont peu graduelles. Ce qui est en jeu n'est pas tant le fait que les marchés puissent être pris à contre-pied — la Fed n'a pas hésité à le faire —, que la difficulté de la BCE à exprimer et faire partager une vision claire, tant de son propre diagnostic sur la situation économique que de l'orientation conséquente de son action.

Bibliographie

BÉNASSY-QUÉRÉ A. et CŒURÉ B., *Économie de l'euro*, La Découverte, coll. « Repères », Paris, 2002.

CREEL J. et FAYOLLE J., « La Banque centrale et l'union monétaire européennes : les tribulations de la crédibilité », *Revue de l'OFCE*, hors-série, mars 2002.

DORNBUSCH R., « Expectations and Exchange Rate Dynamics », *Journal of Political Economy*, 84(6), 1976.

X / Le Pacte de stabilité et de croissance

Jérôme Creel et Jacques Le Cacheux

Le ralentissement marqué et prolongé de l'activité économique que connaît l'Europe, et notamment la zone euro, depuis le début de l'année 2001, a révélé les faiblesses du contexte institutionnel destiné à encadrer les politiques budgétaires nationales et à favoriser leur coordination. Âprement discuté et critiqué par certains lors de son adoption, en 1997, le Pacte de stabilité et de croissance (PSC) avait, depuis 1999, semblé moins contraignant que prévu, au point d'apparaître comme un instrument utile. Dans une période de croissance soutenue, le PSC avait favorisé la poursuite, dans tous les pays membres de la zone euro, des politiques d'ajustement budgétaire entamées sous la pulsion des fameux « critères de Maastricht » : les déficits publics se réduisaient jusqu'à atteindre, dans plusieurs petits pays de la zone, des excédents budgétaires significatifs, et les ratios d'endettement public (dette publique brute/PIB) s'inscrivaient, partout, à la baisse [Creel, Latreille et Le Cacheux, 2002]. Conçues comme un cadrage global destiné à mieux planifier les politiques nationales à moyen terme et à mieux les coordonner au sein de la zone euro, les grandes orientations de politique économique (GOPE) devaient conférer à l'ensemble une plus grande cohérence, tout en préservant, en théorie, l'autonomie des gouvernements nationaux en matière budgétaire et fiscale.

La première manifestation des faiblesses intrinsèques du dispositif institutionnel encadrant les politiques budgétaires dans la zone euro remonte en février 2001 : sur recommandation de la

Commission européenne, jugeant la politique budgétaire insuffisamment restrictive dans un contexte de surchauffe de l'économie irlandaise et d'inflation plus élevée que la moyenne, les quatorze ministres des Finances des partenaires de l'Irlande décidaient d'adresser au gouvernement de ce pays une recommandation, alors même que le budget irlandais respectait en tous points les règles européennes en vigueur. En l'occurrence, le gouvernement irlandais ignora la recommandation, réaction doublement appropriée, puisque le ralentissement économique vint conforter son obstination.

L'année 2002 a vu se multiplier les tensions et polémiques entre autorités européennes et nationales autour des orientations budgétaires, faisant clairement apparaître les limites et les graves défauts de conception des règles de politique budgétaire dans la zone euro. Dès février, la Commission proposait au Conseil, qui refusait alors, d'engager une procédure pour déficit public excessif à l'encontre de l'Allemagne et du Portugal. En septembre, le gouvernement français présentait au Parlement un projet de loi de finances fondé sur une prévision de croissance « volontariste » et affichant, malgré cela, un déficit public qui, bien que respectant la limite des 3 % du PIB inscrite dans le PSC, devait se creuser en 2003, après une première augmentation en 2002 ; cela déclencha le premier débat ouvert sur le PSC [Creel et *alii*, 2002], tout en attirant, de la part de la Commission, une proposition d'avertissement précoce pour la France. Le Portugal, avec un déficit public à 4,1 % du PIB en 2001 et prévu à 3,4 % en 2002, et l'Allemagne, dont le déficit devrait atteindre 3,8 % en 2002 et 3,1 % en 2003 (*cf.* prévisions de la Commission, novembre 2002), devraient pour leur part subir les sanctions prévues pour déficit public excessif.

Face à ces débordements, la mise en échec, par les plus grands pays, du dispositif d'encadrement des finances publiques nationales dans la zone euro oblige à s'interroger sur sa pérennité. Faut-il tenter, comme le fait la Commission, dont c'est le mandat, d'appliquer coûte que coûte une règle manifestement intenable ? Doit-on, à l'inverse, abandonner toute velléité d'imposer des règles aux politiques budgétaires nationales ? Ne conviendrait-il pas, si l'on s'accorde sur la nécessité d'assurer une certaine discipline budgétaire aux États membres, de réformer le PSC, pour remédier à ses principaux défauts et rendre enfin crédible sa mise en œuvre ?

Dispositions institutionnelles

Le PSC est défini par la résolution du Conseil européen du 17 juin 1997 et par deux règlements du Conseil (1466/97, 1467/97). Dérivés du traité de Maastricht, ils en prorogent les dispositions en termes de déficit public et promeuvent la surveillance et la coordination des politiques budgétaires.

La résolution précise les deux objectifs fondamentaux du PSC : prévention et dissuasion. Le premier objectif est développé dans le premier règlement ; le second objectif et son corollaire répressif font l'objet du second règlement.

Le premier règlement, supposé favoriser le renforcement de la procédure de surveillance des politiques économiques créée par le traité de Maastricht, stipule que tout État membre doit rendre public chaque année un « programme de stabilité » (pays membre de la zone euro) ou un « programme de convergence » à moyen terme, comprenant des prévisions macroéconomiques, ainsi que l'évolution des dépenses et recettes budgétaires à venir. L'objectif affiché dans les programmes est d'obtenir un budget total « excédentaire ou proche de l'équilibre », de manière à reconstituer les marges de manœuvre permettant de laisser jouer pleinement les stabilisateurs automatiques et à accumuler l'épargne nécessaire pour faire face aux retraites futures.

Sur la base d'une évaluation transmise par la Commission, le Conseil contrôle les programmes de stabilité ou de convergence pour identifier toute divergence significative par rapport à l'objectif de moyen terme. Bien que le règlement ne prévoie pas de définition pour la « divergence significative », la Commission a depuis identifié trois critères pour la caractériser : la dimension du dérapage par rapport à l'objectif, l'origine discrétionnaire du dérapage et le risque de déficit excessif. Si une divergence significative est avérée, la procédure dite « d'avertissement précoce » peut être déclenchée par la Commission. Sur proposition de la Commission, le Conseil peut ensuite décider d'adresser des recommandations aux pays s'écartant de leur programme.

Le second règlement renforce les dispositions de l'article 104 c du traité de Maastricht concernant le dépassement des déficits publics de la référence de 3 % de PIB. La Commission doit préciser au Conseil si un dépassement de 3 % du PIB constitue un déficit excessif ou entre dans le cadre de « circonstances exceptionnelles et temporaires » : ainsi en est-il si le dépassement résulte d'une « *circonstance inhabituelle indépendante de la volonté de l'État membre concerné* » ; dans ce cas, « *le dépassement de la valeur de référence est considéré comme temporaire si les prévisions budgétaires établies par la Commission indiquent que le déficit tombera au-dessous de la valeur de référence lorsque la circonstance inhabituelle ou la grave récession aura disparu* ». Il en va de même si le dépassement est consécutif à une récession grave soit, « *en principe* », une baisse annuelle du PIB de 2 % ou plus. En dehors de ces circonstances atténuantes, le pays concerné devra faire disparaître son déficit dans l'année suivante. Sinon, il pourra être soumis à un dépôt non rémunéré de 0,2 % du PIB plus un dixième du dépassement de la valeur de 3 %, plafonné à 0,5 % du PIB, qui pourra finalement être converti en amende si le déficit persiste après deux ans. Autre sanction possible : l'arrêt des opérations de la Banque européenne d'investissement avec le pays concerné.

Cette procédure n'est toutefois pas automatique. Le Conseil doit en effet décider à une majorité qualifiée de tous ses membres (y compris ceux qui n'appartiennent pas à la zone euro) si un déficit de plus de 3 % du PIB est excessif. Suite aux observations présentées par l'État concerné, le Conseil peut juger qu'un recul inférieur à 2 % du PIB constitue une récession grave. Les États membres s'engagent « en principe » à ne pas invoquer cette dernière possibilité s'ils n'ont pas subi un recul d'au moins 0,75 % du PIB. Cependant, cet engagement n'est pas juridiquement contraignant puisqu'il figure dans la résolution et non dans le règlement du Conseil. Si un déficit est jugé excessif, le Conseil peut adresser des recommandations de politique économique à l'État en question et, dans le cas où ces recommandations ne seraient pas suivies, il peut décider d'infliger les sanctions. Cette décision doit être votée à une majorité des deux tiers, les pays participant à la zone euro étant les seuls à pouvoir voter à l'exclusion du pays concerné.

Fondements économiques des règles de politique budgétaire

Au nom de quoi imposer aux politiques budgétaires nationales des règles, puisque l'interprétation actuelle du principe de subsidiarité conclut que ces politiques doivent demeurer entre les mains des gouvernements nationaux et que, d'autre part, l'argument économique principal en faveur d'une telle affectation est fondé sur le souci de compenser, pour ces mêmes gouvernements, la perte de l'instrument que constituait la politique de change ? Il importe de clarifier les raisons d'un tel choix et d'expliciter les objectifs qui, ce faisant, sont poursuivis pour identifier les défauts majeurs de la règle actuelle et les propriétés que devrait viser une réforme.

Le maintien, dans l'union monétaire, d'une décentralisation budgétaire, avec un budget européen de taille réduite et des budgets nationaux importants et autonomes, est un choix institutionnel qui, en matière de stabilisation macroéconomique, est censé permettre aux gouvernements nationaux de conserver un instrument d'ajustement, notamment en cas de choc asymétrique, c'est-à-dire n'affectant qu'un pays, ou un groupe de pays au sein de la zone euro. Pour certains, l'imposition d'une règle limitant cette autonomie peut être justifiée par une défiance à l'égard des gouvernements démocratiquement élus : les risques d'une gestion « irresponsable » des finances publiques seraient tels qu'une règle limitant strictement les marges de manœuvre serait nécessaire, d'autant plus que la disparition des monnaies nationales, donc des taux de change, a supprimé le moyen traditionnel dont disposaient les marchés financiers pour sanctionner de tels excès. Mais, en dehors de cette position « technocratique », l'imposition des règles est fondée, tout comme les plaidoyers en faveur de la coordination des politiques nationales, sur l'hypothèse d'existence d'interdépendances (ou externalités) fortes entre les économies nationales au sein d'une union monétaire.

Engendrant des effets induits sur les partenaires, ces externalités sont, *a priori*, de plusieurs sortes : certaines, telles que les effets, keynésiens, d'entraînement de la demande que suscitent les politiques budgétaires, sont positives ; d'autres, telles qu'une éventuelle hausse des taux d'intérêt engendrée par l'accroissement de la dette publique, selon un mécanisme d'éviction, sont négatives. Bien qu'empiriquement mal établies, donc difficilement hiérarchisables, ces externalités sont probablement toutes à l'œuvre dès lors que les marchés sont intégrés, et se renforcent à mesure que l'union monétaire favorise cette intégration. La coordination est susceptible d'aboutir à un meilleur usage collectif des externalités positives, grâce au dépassement qu'elle permet des comportements opportunistes de type « passager clandestin ». Les règles sont, au contraire, destinées à éviter ou à limiter les externalités négatives engendrées par des politiques nationales tenant insuffisamment compte des coûts qu'elles infligent aux partenaires. Les règles ainsi fondées visent donc, pourvu qu'elles soient acceptées et que leur respect soit assuré, par libre consentement ou par la contrainte, la « crédibilité » du dispositif institutionnel, au sens où elles empêchent les débordements qui en menaceraient la stabilité, donc la survie.

Dans le cas des politiques budgétaires, les externalités négatives généralement évoquées sont, d'une part, les effets induits des déficits sur les taux d'intérêt dans l'ensemble de la zone et sur le taux de change de l'euro ; d'autre part, les risques à long terme que font peser sur l'indépendance de la banque centrale, donc sur la stabilité monétaire dans la zone, les comportements d'endettement « excessif », c'est-à-dire insoutenable. Dans un monde « idéal », des marchés financiers efficients imposeraient spontanément aux gouvernements une discipline financière suffisante pour éviter de tels excès ; mais dans la réalité, et singulièrement dans la zone euro, les marchés ne semblent pas discriminer entre les différents titres de dette publique des pays membres, comme le montre la convergence presque parfaite des taux d'intérêt nominaux à long terme dans la zone euro, et ne sont pas suffisamment clairvoyants pour prévenir les dérapages financiers, d'où qu'ils proviennent [1].

Dans la mesure où l'expérience des quatre premières années d'existence de l'euro n'indique pas que les « sanctions » infligées par les marchés financiers à l'ensemble de la zone en cas de creusement des déficits publics de certains pays sont lourdes en termes de taux d'intérêt longs — qui ne réagissent pratiquement pas aux annonces budgétaires — ou de taux de change externe de l'euro — qui s'est plutôt apprécié à mesure que les déficits publics se creusaient dans les principaux pays de la zone —, c'est sans doute la crainte d'une insoutenabilité à long terme de certains comportements d'endettement public qui se révèle être le fondement principal d'une règle budgétaire dans la zone euro. Si tel est le cas, ce que l'on doit assurer est bien que le ratio d'endettement public (c'est-à-dire la dette publique, nette en principe, rapportée au PIB) n'explose pas. Il convient donc de veiller à sa stabilité, à long terme, et de viser un certain niveau du ratio, à l'instar de ce que prévoyait le traité de Maastricht [2].

---

1. Les nombreuses crises financières récentes (Argentine, Brésil, Turquie, mais aussi Vivendi Universal ou France Télécom) illustrent ce constat. Historiquement, la faiblesse des mécanismes de discipline financière imposés par les marchés est également flagrante, comme le montrent Flandreau, Le Cacheux et Zumer [1998].

2. Ceci n'équivalant pas à imposer un plafond rigide, tels que le chiffre de 60 % du PIB issu des « critères de Maastricht », mais abandonné depuis la création de l'euro à cause de l'entrée de pays dépassant largement cette limite (Italie, Belgique, Grèce).

Or la soutenabilité d'un endettement, public ou privé, dépend, pour un comportement donné de dépenses et de recettes, de la différence entre le taux de croissance à venir et le taux d'intérêt : si le premier est supérieur au second, tout niveau d'endettement est soutenable ; dans le cas contraire, le débiteur doit, pour éviter une explosion de sa dette, faire des efforts et dégager des excédents de ses recettes sur ses dépenses. Imposer, comme le fait actuellement le PSC, des limites aux déficits publics revient, dans ce raisonnement, à supposer que la politique budgétaire est sans effet sur les facteurs qui régissent la dynamique du ratio d'endettement, si ce n'est par l'intermédiaire de la hausse induite du taux d'intérêt qu'un déficit « excessif » engendrerait.

Il y a, au contraire, de bonnes raisons, théoriques et empiriques, de penser que la politique budgétaire peut avoir un effet de long terme sur le taux de croissance « potentiel » de l'économie, soit négatif, si les prélèvements obligatoires induisent des distorsions si fortes que les ressources sont insuffisamment ou mal mobilisées, soit positif, si certaines dépenses publiques — infrastructures, mais aussi éducation, recherche et développement, etc. — permettent d'accroître la productivité du secteur privé, donc d'atteindre un sentier plus élevé de croissance à long terme.

Réformer le Pacte de stabilité ?

Les critiques du PSC, tel qu'il est actuellement, ne remettent pas généralement en cause la nécessité d'une règle assurant la soutenabilité des endettements publics nationaux. Elles se concentrent, le plus souvent, sur les défauts de la règle actuelle. Parmi ceux-ci, le plus apparent est, bien sûr, le manque de crédibilité d'une règle qui n'est pas respectée.

Le deuxième défaut est le biais procyclique de la règle actuelle : les « cagnottes » en haut de cycle ne sont pas utilisées principalement pour réduire les déficits, à tel point que ceux-ci sont vite contraints par la limite des 3 % du PIB en phase de récession ; et, dans ce cas, les politiques contracycliques, même sous leur forme « passive » de stabilisateurs automatiques budgétaires, sont empêchées.

Prenant, tardivement, conscience de ce biais, la Commission a proposé, en juin 2001, une redéfinition de la norme de « solde en excédent ou proche de l'équilibre » à moyen terme, non plus en termes de solde total, mais en termes de solde corrigé des effets de la conjoncture, c'est-à-dire de solde structurel. Ne seraient donc plus incluses dans la norme de moyen terme les hausses du déficit dues à la baisse des recettes et à la hausse des dépenses sociales, baisse et hausse supposées être temporaires, donc réversibles.

L'avantage d'une telle règle est évident : une norme de déficit structurel permet de laisser jouer pleinement les stabilisateurs automatiques budgétaires, puisque la norme s'assouplit mécaniquement dès que l'activité économique tombe en dessous de son sentier de croissance potentielle. Ainsi, les ralentissements de la croissance, et pas seulement les « récessions sévères » comme dans la version actuelle du PSC, autorisent-elles des politiques budgétaires plus expansionnistes. À l'inverse, la norme se durcit d'elle-même à mesure que la reprise s'affermit.

Cette proposition a cependant au moins deux défauts. En premier lieu, la Commission ne remet pas en cause la limite de 3 % en termes de déficit total, donc y compris les effets de la conjoncture. En second lieu, il faut que les gouvernements nationaux de la zone euro s'accordent sur l'évaluation d'un sentier de croissance potentielle, puisque le solde courant est, dans cette hypothèse, corrigé en fonction de l'*output gap*, écart entre le PIB courant et son potentiel. Or le sentier de croissance sous-jacent dépend de l'orientation des politiques économiques, notamment budgétaires, et le PIB potentiel est de ce fait endogène et influencé par la politique budgétaire. Les calculs d'*output gap* effectués récemment par la Commission ne prennent pas en compte cette endogénéité, et se fondent sur une hypothèse très basse de croissance potentielle.

Le troisième effet néfaste du PSC, sous sa forme actuelle, tient, de ce point de vue, à ce que les gouvernements, soucieux de préserver une apparente orthodoxie financière en respectant le critère de 3 %, sont plus enclins à tailler dans leurs projets d'investissement public que dans les dépenses de fonctionnement, voire à augmenter certains impôts, comme l'a récemment annoncé l'Allemagne, ce qui a pour conséquence d'introduire un biais structurellement dépressif sur la croissance. Pour y remédier, il est possible d'adopter une règle sur le déficit public s'inspirant de celle adoptée au Royaume-Uni.

Le gouvernement britannique s'est en effet donné, depuis 1997, une règle à moyen terme d'équilibre des finances publiques, dite « règle d'or », qui stipule que le déficit public « de fonctionnement », c'est-à-dire hors dépenses d'investissement public, doit être nul à moyen terme. Adopter une telle règle suppose, bien sûr, que les gouvernements s'accordent sur une classification des dépenses distinguant les dépenses de fonctionnement des dépenses d'investissement public.

Idéalement, il conviendrait donc de promouvoir une règle portant sur un déficit structurel hors investissement public. Cette règle donnerait à chaque pays une vraie autonomie, conformément au principe de subsidiarité, dans le choix de la place que chaque société est prête à accorder à l'État dans la régulation macroéconomique et dans la redistribution des richesses produites, au travers de l'éducation notamment. Car l'enjeu est bien aussi d'aboutir à une nouvelle convention sur la nomenclature des dépenses publiques, afin de distinguer celles susceptibles d'influer sur le PIB potentiel, conformément à l'objectif de soutenabilité de la dette. La notion d'investissement public à laquelle nous nous référons va donc bien au-delà du capital physique.

Cette règle ménagerait la croissance, mais aussi le libre jeu des stabilisateurs automatiques. Et les gouvernements européens pourraient se permettre d'opter pour un plafond d'apparence rigoureuse : ainsi, par exemple, interdire tout déficit structurel hors dépenses d'investissement public — donc imposer un plafond à zéro, soit des excédents en période de haute conjoncture — serait moins restrictif que la règle actuelle des 3 % du PIB, tout en apparaissant moins arbitraire, plus légitime, donc plus crédible.

En outre, cette nouvelle règle accorderait aux pays européens des marges de manœuvre conséquentes, leur permettant de mettre en œuvre une relance de grande ampleur pour compenser les effets de la récession actuelle et, pour les pays qui en ont besoin, notamment parmi les futurs membres, de rattraper économiquement leurs partenaires en améliorant leur offre d'infrastructures publiques et d'éducation.

Bibliographie

CREEL J., DUPONT G, LE CACHEUX J., STERDYNIAK H. et TIMBEAU X., « Le budget 2003 : le pécheur non repenti », *Lettre de l'OFCE,* n° 224, 11 octobre 2002.

CREEL J., LATREILLE T. et LE CACHEUX J., « Le PSC et les politiques budgétaires dans l'Union européenne », *Revue de l'OFCE*, hors série, mars 2002.

FITOUSSI J.-P., et LE CACHEUX J. (dir.), *Rapport sur l'état de l'Union européenne 2002*, Fayard et Presses de Sciences Po, Paris, 2002.

FLANDREAU M., LE CACHEUX J. et ZUMER F., « Stability without a Pact ? Lessons from the European Gold Standard, 1880-1914 », *Economic Policy*, n° 28, 1998.

XI/ La Convention et la réforme des institutions européennes

Éloi Laurent et Jacques Le Cacheux

Après tant de rendez-vous manqués, balises trompeuses — jusqu'au naufrage de Nice en décembre 2000 — d'une décennie gâchée plutôt que perdue, la Convention pour l'avenir de l'Europe, mise en chantier au sommet de Laeken (14 et 15 décembre 2001) pour doter l'Union d'une loi fondamentale, s'apparente bien, selon la formule grandiloquente de son président Valéry Giscard d'Estaing, à la *« dernière chance de l'Europe unie »*. En y envoyant des représentants de poids — ministres des Affaires étrangères (l'Allemand Joshka Fisher, le Belge Louis Michel, l'Espagnole Ana de Palacio, le Français Dominique de Villepin), vice-Premier ministre (l'Italien Gianfranco Fini) ou confident du Premier ministre (l'Anglais Peter Hain) —, les gouvernements européens ont semble-t-il décidé, depuis l'automne 2002, de se donner les moyens de saisir cette chance. À moins qu'il ne s'agisse, au contraire, d'en contrôler étroitement les travaux, pour s'assurer que rien de ce qui en sortira ne menace le chancelant édifice intergouvernemental péniblement ravaudé à Nice.

Et pourtant, ce que l'avènement de la monnaie unique n'a pas engendré au tournant d'un siècle qui peut encore être européen, la perspective de l'élargissement à dix nouveaux pays, passée brusquement du stade virtuel à l'état réel, l'impose. Il faut en effet à l'Union européenne accomplir en deux ans ce qu'elle n'a pas su faire en dix : conjurer la peur du politique née des catastrophes totalitaires, mettre son avenir en débat et se choisir un destin. Sur le cadran de cette horloge soudainement avancée, 2003 apparaît bien comme l'heure des choix, c'est-à-dire des arbitrages et des sacrifices, car l'agenda européen se présente désormais comme la résolution à rebours du « problème » de l'élargissement. Puisque l'Union accueillera à coup sûr dix nouveaux membres en 2004, qu'une Conférence intergouvernementale (CIG) devra être réunie à l'automne 2003 pour réformer des institutions inadaptées à cette perspective, que les propositions issues des travaux « commandés » par les gouvernements à la Convention pour alimenter la CIG seront arrêtées à l'été 2003, il importe qu'un large débat s'ouvre dès le début de cette année capitale. Or rien ne va plus de soi dans l'Union européenne.

L'idée d'une Union « fonctionnaliste », avançant inéluctablement par l'engrenage de *« solidarités de fait »*, est morte avec la naissance de la monnaie unique. Oxymore vivant, l'Union européenne repose depuis le 1er janvier 2002 sur une démocratie privée, un marché souverain et une force impuissante. Sans surprise, c'est la règle plus que le choix qui ordonne des pans entiers de cette vaste vacuité politique [Fitoussi, 2002]. Les premières propositions de la Convention, présentées le 28 octobre 2002 dans un avant-projet de traité constitutionnel, ont opportunément suivi de quelques jours l'adoption du calendrier de l'élargissement au sommet de Bruxelles (24 et 25 octobre). Elles constitueront le cadre dans lequel ce chapitre tentera d'inscrire les grands enjeux de l'avenir institutionnel de l'Union élargie.

Élargissement, unité et uniformité

Au terme d'une décennie de gages et d'efforts entamée en 1993 au sommet de Copenhague, Chypre, l'Estonie, la Hongrie, la Lettonie, la Lituanie, Malte, la Pologne, la République slovaque, la République tchèque et la Slovénie rejoindront bien l'Union européenne au début de l'année 2004 — les actes d'adhésion étant signés au printemps 2003, après conclusion des négociations avec la Commission européenne à la fin de l'année 2002. Pour autant, la formule faussement tautologique de l'article 1 du projet présenté par la Convention *(« une Union ouverte à tous les États européens »)* ne tranche pas la question des frontières ultimes de l'Union [1].

1. Si l'intégration de la Bulgarie et de la Roumanie est d'ores et déjà envisagée pour 2007, celle de la Turquie, défendue ardemment par la Commission européenne depuis le sommet d'Helsinki de 1999, paraît nettement plus problématique. Les réactions embarrassées du Parlement européen et les silences polis des gouvernements nationaux à la suite des élections générales turques de novembre 2002, remportées par un parti « islamiste modéré », ainsi que les déclarations, pour une fois ouvertement hostiles, de Valéry Giscard d'Estaing, illustrent cette nouvelle réticence.

Plus encore, celle de ses dimensions internes, c'est-à-dire des degrés de liberté de ses membres, reste à formuler. Longtemps prisonnier du dilemme élargissement-approfondissement, l'avenir institutionnel de l'Union élargie se jouera probablement dans la dialectique de l'unité et de l'uniformité. Il est en effet loisible de penser que l'idée de « géométrie variable » sera au cœur d'une Union élargie et choisie. Puisque l'originalité du projet européen, « Fédération d'États-nations », selon une formule chère aux Français, mais que ne renieraient pas la plupart de nos partenaires, est de se situer à égale distance du modèle fédéral et du modèle intergouvernemental, il importe de couvrir le spectre des combinaisons institutionnelles possibles et souhaitables entre ces deux pôles. À cet égard, les propositions de la Convention, outre l'hommage convenu qu'elles rendent aux « coopérations renforcées » (article 32), introduisent une nouveauté intéressante en envisageant la possibilité légale, à la fois d'une exclusion et d'un retrait volontaire de l'Union (articles 46 et 47). Potentiellement dangereuse, par l'affaiblissement de l'engagement mutuel qu'elle est susceptible d'engendrer, cette possibilité aurait néanmoins le double avantage de clarifier la question des sanctions collectives en cas de manquement grave aux valeurs communes de l'Union, et de faciliter l'extension du domaine des décisions à la majorité qualifiée, puisque la menace de « sécession » remplacerait alors efficacement le droit de veto en cas d'atteinte grave aux intérêts vitaux de la nation concernée.

Sur le fond, si le projet reconnaît la nécessité d'opérer une synthèse entre partisans d'une Europe fédérale et absolutistes de la liberté étatique [2], il demeure vague sur le *modus operandi* institutionnel qui la rendrait possible. Plus avant, il appartiendra certainement à la Convention de trancher l'alternative qui oppose une organisation reposant sur la distinction entre différents degrés d'intensité de la politique communautaire et la répartition traditionnelle des compétences entre aires communautaires, pouvoirs partagés et domaines réservés à la coopération intergouvernementale (répartition reprise et précisée en l'état actuel du projet, par les articles 9, 10, 11 et 12). Il lui faudra aussi donner un contenu à l'idée de « géométrie variable » qui sous-tend la plupart de ses propositions, en la distinguant clairement de l'intégration « à la carte », trop souvent confondue avec elle en pratique, et en la reliant à la possibilité d'une exclusion ou d'une sécession qui pourraient,

2. L'article 1 évoque ainsi une « Union d'États européens, conservant leur identité nationale » coordonnant « étroitement leurs politiques au niveau européen » et gérant « sur le mode fédéral certaines compétences communes ». Remarquons qu'il s'agit bien du portrait-robot, aux traits imprécis, de la fameuse « Fédération d'États-nations ».

dès lors, n'être que partielles. Ce faisant, on donnerait de la substance à la notion de « partenariat » que l'on propose souvent aux États aspirant à l'adhésion et poliment éconduits avec la maigre consolation d'une association économique plus ou moins privilégiée.

Les valeurs de l'Union élargie

Sans que soit encore précisé le contenu du préambule de la future Constitution européenne, qui devrait en toute logique juridique accueillir ces dispositions, le projet de la Convention consacre la totalité de son titre I à la question des valeurs fondamentales du projet européen.

La dénomination de l'Union et sa devise feraient d'abord l'objet d'une modification substantielle : l'Union européenne pourrait (re)devenir la « Communauté européenne », « les États-Unis de l'Europe » ou bien encore « l'Europe unie » [3] (article 1) et cette nouvelle entité pourrait se donner pour mots d'ordre, selon le vœu informel du président de la Convention, *« liberté, justice, solidarité »*. Il n'est pas anodin de rappeler que l'Union européenne a déjà une devise, dévoilée dans une certaine indifférence le jeudi 4 mai 2000 par la présidente du Parlement européen Nicole Fontaine, qui promet l'*«unité dans la diversité »*. Pour autant, l'idée de faire de la valeur essentielle de l'Union la reconnaissance de son caractère pluriel ne répond pas à la question de savoir où est la ligne de partage entre ce qui est commun — et ce qui ne l'est pas — aux États membres. Ainsi, si l'Union européenne a aussi un hymne, *L'hymne à la joie* de Beethoven, elle rechigne à assumer collectivement ses grands hommes, comme l'illustre, *a contrario*, l'abstraction de ses billets de banque.

C'est qu'en réalité les valeurs de l'Union élargie sont, sauf à faire preuve d'un angélisme déplacé, loin d'être évidentes. Le maintien de la paix et l'établissement de la démocratie ont forgé au lendemain de la Seconde Guerre mondiale et tout au long de la guerre froide le lien entre les États membres de l'Union, jusqu'à la définition des critères de Copenhague pour les nouveaux arrivants. Mais au-delà, pour l'Union

3. Cette dernière appellation s'est attirée les foudres du représentant britannique à la Convention, Peter Hain, qui a jugé que, dans sa langue, elle évoquait *« une équipe de football »*. On peut répondre à cette objection que les soirées hebdomadaires de Coupes d'Europe de football sont probablement, avec l'euro, une des manifestations les plus tangibles aux yeux de nombreux Européens de l'intégration de leur continent.

d'aujourd'hui et de demain, le projet proposé par la Convention, consistant à intégrer purement et simplement dans la future Constitution les droits formels reconnus par la Charte européenne des droits fondamentaux, est-il satisfaisant ? Le resurgissement, sous l'influence du Vatican, de la polémique qui avait déjà agité les chancelleries au moment de la rédaction de la Charte à propos d'une éventuelle référence à l'« héritage religieux » ou « spirituel » de l'Europe montre assez que la Convention ne pourra pas faire l'économie d'un débat sur les valeurs dont procède l'Union élargie et celles qu'elle entend promouvoir. Que penser à cet égard de la référence éventuelle à la tolérance entre communautés, au développement de l'économie de marché ou encore à un « modèle social européen » ?

La reconnaissance d'une citoyenneté européenne est peut-être le volet le plus fondamental de cette quête de valeurs dans l'Union. L'article 5 du projet de la Convention avance ainsi l'idée féconde d'une double citoyenneté, nationale et européenne, utilisée librement, à la *« convenance »* des habitants de l'Union européenne. Cette double appartenance civique, logiquement compatible avec l'intégration différenciée des États membres dans l'Union, n'est pas sans rappeler la citoyenneté romaine, riche, selon l'expression de Cicéron d'une « patrie géographique » et d'une « patrie de droit » [4].

Unis, pour quoi faire ?

Au-delà même de valeurs communes problématiques, la question qui se pose aujourd'hui est bien celle de savoir quel doit être le devenir de l'Union ou, plus précisément, ce à quoi ses membres la destinent. La réponse à cette question conditionne dans une très large mesure celles que l'on pourra apporter à toutes les autres, qu'il s'agisse de l'architecture institutionnelle, de la répartition des pouvoirs, ou de la poursuite de l'élargissement à la Turquie, aux Balkans et, éventuellement, au-delà. Dans le domaine de l'action, le passage à l'union monétaire a constitué un pas important pour dépasser une logique d'intégration économique fondée jusqu'alors sur la mise en commun des marchés et sur le développement des seules politiques communes qui lui sont nécessaires. Mais, cette étape franchie, l'absence de projet commun n'en devient que plus évidente, et le silence des responsables plus assourdissant encore.

---

4. *Des lois*, II, 5.

Dans tous les domaines, de l'économie à la défense, en passant par les différentes politiques communes, de l'agriculture aux services publics, aux réseaux européens de transport et de télécommunication, etc., les Quinze d'aujourd'hui, et sans doute encore davantage les Vingt-cinq de demain, semblent dans l'incapacité de s'accorder sur un projet commun, sur des objectifs finals autres que très généraux ou purement financiers, sur des choix politiques en somme.

La légitimité des décisions européennes

Non pas que les institutions européennes telles qu'elles existent actuellement ne produisent pas de décisions. Bien au contraire ! Jusques et y compris dans des domaines, tels que les politiques de l'emploi, la cohésion sociale, et autres thèmes sur lesquels ses opposants lui ont longtemps reproché ses manquements. Mais les règles qu'elles édictent pour contraindre les choix nationaux et les politiques qu'elles mettent en œuvre pour l'Union dans son ensemble ne sont pas considérées par bon nombre de citoyens européens comme légitimes.

D'où vient ce sentiment ? N'est-ce pas, simplement, une impression, née de l'éloignement des centres de décision, du manque de communication et d'explication ? Pour une part, sans doute, mais une petite part. Pour l'essentiel, cette carence, souvent désignée par l'expression de « déficit démocratique », n'est pas attribuable aux seules institutions européennes, mais bien à la manière dont elles sont utilisées et gérées. C'est, en effet, avant tout la défiance qui empêche que des décisions constructives émergent : défiance, non pas tant des peuples européens les uns envers les autres, que des responsables, nationaux et européens, soupçonnant derrière chaque prise de position de l'autre quelque arrière-pensée inavouable, quelque turpitude cachée, quelque mauvaise raison, motivation clientéliste, défense des intérêts d'un « champion national », etc. ; défiance, aussi, des dirigeants européens et des élites, à l'égard des peuples et des errements supposés des décisions démocratiques.

En outre, dans la plupart des cas, les choix ne sont guère débattus ouvertement ; au mieux, des compromis sont négociés de manière bilatérale et plus ou moins secrète, dans la plus grande tradition de la haute diplomatie. Souvent parce que personne n'ose avouer un désaccord qui risque de remettre en cause des compromis patiemment élaborés et des équilibres difficilement atteints ; parfois simplement par habitude, parce que les questions européennes sont conditionnées par le lourd héritage historique dans lequel elles s'inscrivent. Dès lors, il apparaît urgent de favoriser, à tous les niveaux de l'édifice institutionnel européen, le débat démocratique sur les finalités, sur les objectifs précis des politiques communes : dans la préparation des décisions, en amont, au sein notamment de la Commission ; dans leur finalisation, au sein des conseils techniques puis du Conseil, dans les débats au sein des Parlements, européen et nationaux, il importe que les oppositions s'expriment et qu'elles ne soient plus considérées comme des manifestations d'anti-européanisme. Que l'on cesse d'adopter, en catimini, souvent en fin de nuit, au terme de négociations harassantes que l'on s'est promis de conclure avant la fin d'un sommet, avant le terme d'une présidence, des décisions qui n'ont pas été discutées, que l'on espère ne jamais devoir appliquer, que l'on pense pouvoir interpréter à sa guise ! Les exemples sont, hélas, légion, des plus triviaux aux plus grands desseins, des chiffres précis retenus pour les critères de convergence inscrits dans le traité de Maastricht (pour la part des marchés de services en réseaux qu'il convient d'ouvrir à la concurrence, pour le taux d'emploi, pour le retour à l'équilibre budgétaire, etc.) à la liste des pays que l'on choisit d'intégrer à l'Union, à la date de leur adhésion, etc. Comment, notamment, ne pas voir dans l'élargissement en préparation, et dans le « oui » adressé en 1999 à la Turquie, comme dans le récent compromis entre Jacques Chirac et Gerhard Schröder sur le plafonnement des dépenses agricoles après 2006, des non-choix, des décisions par défaut ?

Le « triangle institutionnel » et les pouvoirs nationaux

Dès lors, une des tâches essentielles de la Convention doit être de contribuer à la naissance d'une démocratie légitime dans l'Union. La réforme des institutions communautaires et la refondation du lien entre celles-ci et les instances nationales apparaissent comme les premières étapes de cette longue marche. Comment repenser le « triangle institutionnel » et la méthode communautaire [5] dans la perspective du renforcement du biais intergouvernemental de l'Union que ne manquera pas de susciter l'élargissement ?

La réponse de la Convention est à la fois ambitieuse et floue : l'article 14 annonce ainsi l'institution d'un *« cadre institutionnel unique »* pour l'Union élargie, c'est-à-dire en substance, la suppression du système des piliers. Le projet « omet » cependant de revenir, d'une part sur la teneur de la réforme, obtenue à l'arraché à Nice, de la pondération des voix au sein

5. On trouvera une présentation claire de la méthode communautaire dans une contribution à la convention des commissaires Barnier et Vitorino [2002].

du Conseil des ministres, de la composition de la Commission et de la répartition des sièges au Parlement, d'autre part et surtout, sur l'éventuelle extension du vote à la majorité qualifiée au sein du Conseil à de nouveaux domaines de l'action communautaire. Enfin, pour conforter et concilier la double légitimité des États et des peuples dans la construction européenne, et compliquer encore un peu plus un dispositif dont il ne démêle pas l'écheveau, le projet annonce l'institution d'un Congrès des Parlements nationaux représentant les États et d'un Congrès des peuples d'Europe qui élirait éventuellement un président de l'Union (article 19).

Hormis cette proposition, et sans doute par respect d'une conception « fédéraliste » de la subsidiarité, la Convention reste cependant muette sur les questions touchant à l'organisation interne des pouvoirs publics des États membres et leur articulation avec les instances européennes. Pourtant, puisqu'il s'agit d'inventer une construction institutionnelle largement inédite, qui n'est ni dans l'intergouvernemental ni dans le fédéral, il est impératif, pour le bon fonctionnement de la démocratie dans l'Union et pour la légitimité des choix qui en seront issus, que les questions européennes soient mises au cœur du fonctionnement des institutions nationales, qui resteront encore longtemps les plus légitimes. Au sein des gouvernements nationaux, on pourrait ainsi imaginer que le ministre des affaires européennes ne soit plus un ministre délégué, rattaché aux Affaires étrangères, mais au contraire un « super-ministre », au poids politique incontestable, ayant prééminence sur tous ses collègues avec, éventuellement, rang de vice Premier ministre [6]. On pourrait également envisager que l'agenda des parlements nationaux, au lieu d'être dominé par les affaires intérieures et de réserver aux questions européennes la portion congrue et les débats en commission, soit d'abord dicté par la nécessité de débattre au fond des choix européens dans tous les domaines.

Conclusion : la nature de l'Union européenne

Au lendemain de la mise en circulation de l'euro, premier signe tangible de l'existence de l'Union européenne dans la vie quotidienne des peuples qui la composent, et à la veille d'un élargissement dont chacun pressent qu'il risque d'infléchir les évolutions futures de l'Union, la mission confiée à la Convention apparaît à la fois cruciale, urgente et presque impossible, tant est grande l'ampleur de la tâche et tant les malentendus, désaccords et non-dits semblent aujourd'hui l'emporter

6. Cette proposition, comme celle d'instituer un Congrès des Parlements nationaux, avait été avancée par l'ancien Premier ministre Lionel Jospin dans son discours sur l'avenir de l'Union [Jospin, 2001].

sur la volonté politique d'aller plus loin dans l'intégration. Ce que révèlent les débats sur le Pacte de stabilité, d'une part, et d'autre part les déclarations contradictoires sur les perspectives de l'élargissement ou, plus encore, sur l'éventuelle adhésion de la Turquie, c'est l'ambiguïté constitutive de l'Union européenne, que personne ne semble vouloir lever, de peur de sauter dans l'abime de l'inconnu.

N'est-ce, au fond, qu'une alliance internationale de nations souveraines, partageant des valeurs, liées par des traités dans le libre-échange et l'intégration des marchés, l'usage en commun d'une monnaie sans visage gérée par une banque centrale indépendante, et demain des éléments de solidarité défensive, comme au sein de l'OTAN ? Si tel est le cas, il faut, en effet, en préciser au plus vite les règles de vie commune et élargir l'Union à tous ceux qui adhèrent à ces valeurs et à ces objectifs minimalistes. Mais sinon, qu'est-ce donc ? Puisqu'il ne saurait être question d'en faire à brève échéance une fédération classique, il faut d'urgence inventer autre chose, qui s'apparente à cette chimère que les Français ont baptisée « fédération d'États-nations », et lui donner forme et contenu pour que les Européens qui le souhaitent y trouvent les moyens de poursuivre librement le dessein qu'ils se donneront ensemble.

Bibliographie

BARNIER M., VITORINO A., « La méthode communautaire », CONV 231/02 du 3 septembre 2002, consultable sur le site european-convention.eu.int

FITOUSSI J.-P., *La Règle et le choix*, Le Seuil, coll. « La République des idées », Paris, 2002.

FITOUSSI J.-P. et LE CACHEUX J. (dir.), *Rapport sur l'état de l'Union européenne 2002*, Fayard et Presses de Sciences Po, 2002.

JOSPIN L., « L'avenir de l'Europe élargie », discours du 28 mai 2001, consultable dans les archives du site premier-ministre.gouv.fr.

PRAESIDIUM DE LA CONVENTION EUROPÉENNE, « Avant-projet de Traité constitutionnel », CONV 369/02 du 28 octobre 2002, consultable sur le site european-convention.eu.int

Chronologie 2002

Sylvie Le Golvan et Christine Paquentin

Novembre 2001

9. La BCE baisse de 3,75 à 3,25 % son taux directeur.

Décembre 2001

4. L'Assemblée nationale adopte le projet de financement de la Sécurité sociale (PLFSS) pour 2002.

Liaisons sociales, Bref social, n° 13537, 6 décembre 2001.

6. L'Assemblée nationale adopte le projet de loi rectificative pour 2001 qui prévoit un déficit budgétaire de 32,4 Mds d'euros au lieu des 28,45 Mds d'euros initialement prévus.
14-16. Sommet européen à Laeken (Belgique), qui confirme le besoin d'une réforme des institutions communes devant aboutir avant l'élargissement de l'Union en 2004 à une dizaine de membres nouveaux.

18. Le Conseil constitutionnel annule plusieurs mesures de la loi de financement de la Sécurité sociale pour 2002, concernant notamment le financement des 35 heures.

Liaisons sociales, Bref social, n° 13547, 20 décembre 2001.

19. L'Assemblée nationale adopte définitivement le projet de loi de Finances pour 2002.

Liaisons sociales, Bref social, n° 13552, 28 décembre 2001. Les Notes bleues de Bercy, n° 224, février 2002, ministère de l'Économie , des Finances et de l'Industrie.

19. L'Assemblée nationale adopte le projet de loi de modernisation sociale (PLMS).

Janvier 2002

1. Entrée en vigueur de l'euro fiduciaire dans les douze pays de la zone euro : Allemagne, Autriche, Belgique, Espagne, Finlande, France, Grèce, Irlande, Italie, Luxembourg, Pays-Bas et Portugal. Mise en circulation des billets et des pièces en euro. Retrait, le 1er mars, des monnaies nationales. En France, les francs seront supprimés dès le 17 février.
1. Présidence européenne : l'Espagne succède à la Belgique pour six mois.
1. Revalorisation de 2,1 % de l'ensemble des prestations familiales.

Liaisons sociales, Bref social, n° 13551, 27 décembre 2001.

Mars 2002

1. Revalorisation de 0,5 % du traitement des fonctionnaires.
12-13. Conseil européen de Barcelone où est réaffirmé la stratégie européenne du retour au plein-emploi par la mise en place de l'économie de la connaissance. La coordination des politiques économiques est réexaminée ; la position de l'UE en matière de développement durable est adoptée.

Conseil européen de Barcelone, 15 et 16 mars 2002, voir sites Internet Europa et Banque de France.

17. Du fait du passage à l'euro depuis le 1er janvier, suppression du franc.

27. La Commission européenne adopte des « mesures de sauvegarde » en réponse à la décision américaine du 5 mars de taxer les importations d'acier.

Avril 2002

21. Premier tour des élections présidentielles : Jacques Chirac (RPR) obtient 19,88 % des suffrages exprimés, Jean-Marie Le Pen (FN) 16,85 % et Lionel Jospin (PS) 16,17 %. Le taux d'abstention est de 28,39 %.

Mai 2002

5. Jacques Chirac est réélu président de la République pour cinq ans avec 82 % des suffrages contre Jean-Marie Le Pen 18 %.
7. Jacques Chirac nomme Jean-Pierre Raffarin Premier ministre. Le gouvernement est composé de 15 ministres, six ministres délégués et six secrétaires d'État.

Juin 2002

9. Premier tour des élections législatives : abstention de 35,58 % ; l'Union pour la majorité présidentielle (UMP) obtient 43,67 % des voix, contre 37,21 % pour le Parti socialiste et 12,45 % pour le Front national.
16. Deuxième tour des élections législatives: abstention de 40 % ; l'UMP dispose de la majorité absolue à l'Assemblée nationale avec 375 élus, le PS/PRG, 152 ; le PCF, 20 ; les Verts, 3 ; le Front national n'est pas représenté.

17. Jacques Chirac confirme Jean-Pierre Raffarin dans ses fonctions de Premier ministre ; le gouvernement comprend 39 membres.
21-22. Sommet européen à Séville (Espagne). La France obtient de conditionner le retour à « une situation budgétaire proche de l'équilibre en 2004 » à une croissance de 3 % en 2003 et 2004.

Juillet 2002

1. Présidence européenne : le Danemark succède à l'Espagne pour six mois.
1. Le taux horaire brut du SMIC passe à 6,83 euros, soit une hausse de 2,4 % par rapport au 1er juillet 2001.
21. Le gouvernement met fin aux mécanismes de modulation de la taxe intérieure sur les produits pétroliers (TIPP). Cette TIPP flottante avait été instaurée le 1er octobre 2000 pour compenser les effets de la flambée des cours du pétrole sur les prix à la pompe.
29. Lancement de la privatisation d'Air France.

Août 2002

1. Adoption du dispositif du contrat-jeunes en entreprise pour les 16-22 ans.

> *Liaisons sociales, Bref social, n° 13712, 28 août 2002.*
> *« Précisions sur la mise en œuvre des contrats-jeunes en entreprise », Liaisons sociales, Bref social, n° 13735, 30 septembre 2002.*

30. L'Organisation mondiale du commerce condamne les pratiques fiscales américaines et autorise l'Union européenne à imposer pour 4 milliards de dollars de taxes ses importations venant des États-Unis.

Septembre 2002

2. Le gouvernement décide d'assouplir la durée légale du travail par un décret portant le quota d'heures supplémentaires autorisées à 180 heures (au lieu de 130).

> *« Le contingent d'heures supplémentaires porté à 180 heures », Liaisons sociales, Bref social, n° 13748, 17 octobre 2002.*

11. Le Conseil des ministres adopte le projet de loi de programmation militaire 2003-2008, qui prévoit 88,87 milliards d'euros pour l'équipement des armées et de la gendarmerie.
24. Le ministre de la Santé présente les grandes lignes du projet de loi de financement de la Sécurité sociale (PLFSS) pour 2003. L'objectif est de maintenir le déficit du régime général sous la barre des 4 milliards d'euros.

> *« Principales mesures du PLFSS 2003 », Liaisons sociales, Bref social, n° 13551, 27 décembre 2001.*

25. Le Conseil des ministres adopte le projet de loi de finances pour 2003. Le déficit des administrations publiques prévu pour 2003 est de 2,6 % du PIB, comme en 2002. La dette publique s'élèverait à 58,8 % du PIB en 2003 contre 58,4 % en 2002. Le budget vise à « dynamiser » l'activité économique et l'emploi par des baisses de prélèvements. Le gouvernement prévoit 3,1 milliards d'euros de baisses supplémentaires d'impôts et de charges patronales brutes (0,4 milliard pour les particuliers et 2,7 milliards pour les entreprises).

« Projet de loi de Finances pour 2003 », Les Notes bleues de Bercy, octobre 2002, Rapport économique, social et financier, octobre 2002, ministère de l'Économie, des Finances et de l'Industrie.
« Les comptes du régime général de la Sécurité sociale », Liaisons sociales, n° 13748, 17 octobre 2002.

25. Le Commissaire européen aux affaires économiques propose de reporter de 2004 à 2006 la date à laquelle les États membres de l'Union européenne doivent parvenir à un équilibre budgétaire, du fait du ralentissement de la croissance à 1 % en 2002 et 2 % en 2003 en moyenne dans l'Union.

Octobre 2002

15. L'Assemblée nationale adopte le projet de loi relatif aux salaires, au temps de travail et au développement de l'emploi (loi Fillon). Retour à l'unité du SMIC d'ici au 1er juillet 2005 ; création d'un nouveau dispositif d'allègement de charges patronales. Assouplissement de la loi sur les 35 heures. (loi Aubry) : modifications du régime des heures supplémentaires dont l'astreinte décomptée en repos. Le Sénat adopte le projet le 23.

20. Par un référendum, l'Irlande ratifie le traité de Nice, ouvrant la voie à l'élargissement en Europe.

23. Le Sénat adopte le projet de loi Fillon (*cf.* 15 octobre) avec des modifications : recours au forfait en jours élargi, limitation de l'impact du relèvement à 180 heures du contingent d'heures supplémentaires et plafonnement de la valorisation en argent du compte épargne-temps.

27. Sommet européen à Bruxelles : aucune modification des règles de la politique agricole commune (PAC) jusqu' en 2006. Entre 2007 et 2013, les subventions directes seront plafonnées au niveau de 2006, augmenté au maximum de 1 % pour tenir compte de l'inflation.

Sites Internet
des références documentaires

www.assembleenat.org
www.banque-france.fr/fr/euro
www.ladocfrancaise.gouv.fr
www.europa.eu.int
www.liaisons-sociales.com
www.minefi.gouv.fr
www.senat.fr
www.ofce.sciences-po.fr

Taux de croissance du PIB à prix constant

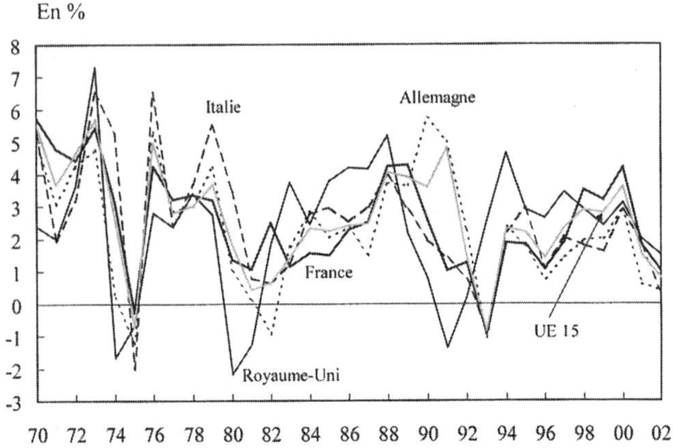

	Allemagne	France	RU	Italie	UE 15	États-Unis	Japon
1961-1970	4,5	5,6	2,9	5,7	5,3	4,2	10,1
1971-1980	3,1	3,7	2,4	3,8	3,6	3,2	5,2
1981-1990	2,2	2,4	2,7	2,3	2,3	3,2	4,1
1991-2000	2,7	1,8	2,3	1,6	2,3	3,2	1,4
1983	1,8	1,2	3,7	1,2	1,4	4,3	2,3
1984	2,8	1,6	2,4	2,8	2,3	7,3	3,8
1985	2,0	1,5	3,8	3,0	2,2	3,8	4,4
1986	2,3	2,3	4,2	2,5	2,4	3,4	3,0
1987	1,5	2,5	4,2	3,0	2,5	3,4	4,5
1988	3,7	4,2	5,2	3,9	4,1	4,2	6,5
1989	3,6	4,3	2,2	2,9	3,9	3,5	5,3
1990	5,7	2,6	0,8	2,0	3,6	1,8	5,3
1991	5,0	1,0	− 1,4	1,4	4,8	− 0,5	3,1
1992	2,2	1,3	0,2	0,8	1,4	3,1	0,9
1993	− 1,1	− 0,9	2,5	− 0,9	− 0,9	2,7	0,4
1994	2,3	1,9	4,7	2,2	2,3	4,0	1,0
1995	1,7	1,8	2,9	2,9	2,2	2,7	1,6
1996	0,8	1,1	2,6	1,1	1,4	3,6	3,5
1997	1,4	1,9	3,4	2,0	2,3	4,4	1,8
1998	2,0	3,5	2,9	1,8	2,9	4,3	− 1,1
1999	2,0	3,2	2,4	1,6	2,8	4,1	0,7
2000	2,9	4,2	3,1	2,9	3,6	3,8	2,6
2001	0,6	1,8	2,0	1,8	1,5	0,3	− 0,3
2002	0,4	1,0	1,5	0,3	0,8	2,3	− 0,7

Note : Allemagne de l'Ouest jusqu'en 1991, ensemble de l'Allemagne depuis.
Source : Perspectives économiques de l'OCDE (2002, prévisions OCDE de décembre 2002).

Taux de chômage
(nombre de chômeurs / population active)

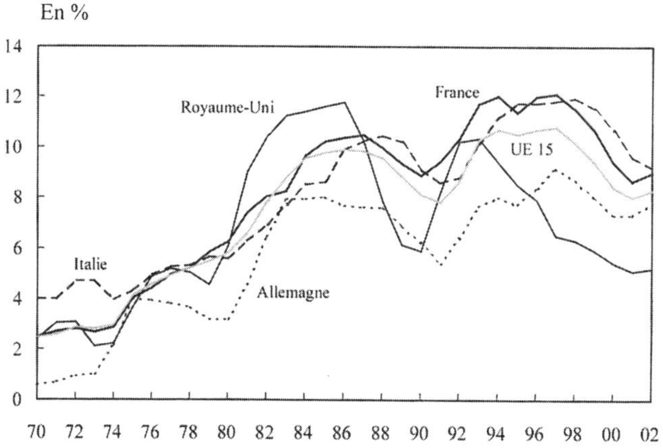

	Allemagne	France	RU	Italie	UE 15	États-Unis	Japon
1961-1970	0,8	1,8	1,9	3,8	2,2	4,7	1,2
1971-1980	2,6	4,2	4,0	4,8	4,1	6,4	1,8
1981-1990	7,1	9,3	9,6	8,8	8,9	7,1	2,5
1991-2000	7,7	11,1	7,9	10,8	9,7	5,6	3,3
1983	7,9	8,3	11,2	7,7	8,8	9,6	2,7
1984	7,9	9,7	11,4	8,5	9,6	7,5	2,7
1985	8,0	10,2	11,6	8,6	9,8	7,2	2,6
1986	7,7	10,4	11,8	9,9	9,9	7,0	2,8
1987	7,6	10,5	10,2	10,3	9,8	6,2	2,8
1988	7,6	10,0	7,8	10,5	9,6	5,5	2,5
1989	6,9	9,4	6,1	10,2	8,8	5,3	2,3
1990	6,2	8,9	5,9	9,1	8,1	5,6	2,1
1991	5,4	9,4	8,2	8,6	7,8	6,8	2,1
1992	6,4	10,4	10,2	8,8	8,7	7,5	2,2
1993	7,6	11,7	10,3	10,2	10,3	6,9	2,5
1994	8,0	12,0	9,4	11,2	10,7	6,1	2,9
1995	7,7	11,4	8,5	11,7	10,5	5,6	3,1
1996	8,4	12,0	7,9	11,7	10,7	5,4	3,4
1997	9,2	12,1	6,5	11,8	10,8	4,9	3,4
1998	8,7	11,5	6,3	11,9	10,2	4,5	4,1
1999	8,0	10,7	5,9	11,5	9,4	4,2	4,7
2000	7,3	9,4	5,4	10,7	8,4	4,0	4,7
2001	7,3	8,7	5,1	9,6	8,0	4,8	5,0
2002	7,8	9,0	5,2	9,2	8,3	5,8	5,5

Note : Allemagne de l'Ouest jusqu'en 1991, ensemble de l'Allemagne depuis.

Source : Perspectives économiques de l'OCDE (2002, prévisions OCDE de décembre 2002).

Inflation

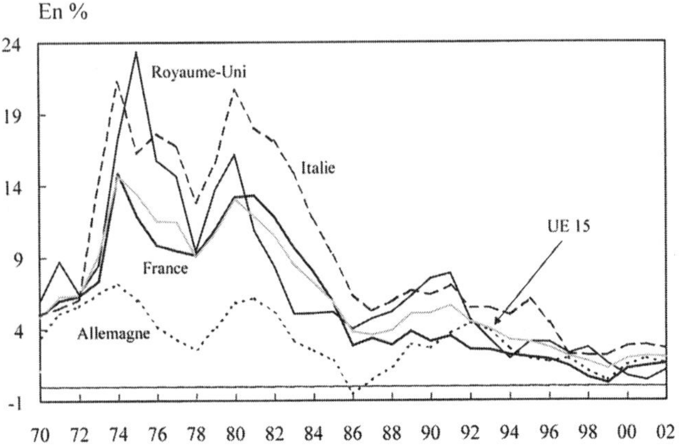

	Allemagne	France	RU	Italie	UE 15	États-Unis	Japon
1961-1970	2,7	4,3	3,9	3,8	3,8	2,4	5,6
1971-1980	5,0	9,9	13,3	14,5	10,5	7,0	8,8
1981-1990	2,5	6,4	6,2	10,0	6,5	4,5	2,1
1991-2000	2,3	1,8	3,1	4,2	3,0	2,3	0,5
1983	3,2	9,7	5,0	14,9	8,5	4,3	2,3
1984	2,5	8,0	5,1	11,6	7,2	3,7	2,7
1985	1,8	5,9	5,2	9,1	5,9	3,5	1,8
1986	– 0,6	2,8	4,0	6,4	3,8	2,4	0,7
1987	0,5	3,4	4,7	5,2	3,6	3,8	0,4
1988	1,3	2,9	5,2	5,9	3,9	3,9	0,6
1989	2,9	3,8	6,3	6,7	5,0	4,4	2,1
1990	2,7	3,1	7,5	6,4	5,1	4,6	2,6
1991	3,7	3,5	7,9	7,0	5,6	3,8	2,7
1992	4,4	2,5	4,7	5,5	4,5	3,0	1,6
1993	3,9	2,5	3,2	5,5	4,0	2,4	1,0
1994	2,6	2,2	1,9	4,9	3,2	2,0	0,5
1995	1,9	2,0	3,1	6,0	3,1	2,3	– 0,3
1996	1,7	1,9	3,1	4,4	2,7	2,1	– 0,1
1997	2,0	1,4	2,3	2,2	2,1	1,9	1,0
1998	1,1	0,6	2,7	2,1	1,7	1,1	– 0,1
1999	0,4	0,2	1,6	2,1	1,2	1,6	– 0,5
2000	1,5	1,2	0,7	2,8	1,9	2,5	– 1,1
2001	1,9	1,2	0,4	2,9	2,1	2,0	– 1,5
2002	1,6	1,6	1,1	2,6	2,0	1,4	– 1,5

Note : Allemagne de l'Ouest jusqu'en 1991, ensemble de l'Allemagne depuis.
Source : Perspectives économiques de l'OCDE (2002, prévisions OCDE de décembre 2002).

Solde public

En % du PIB

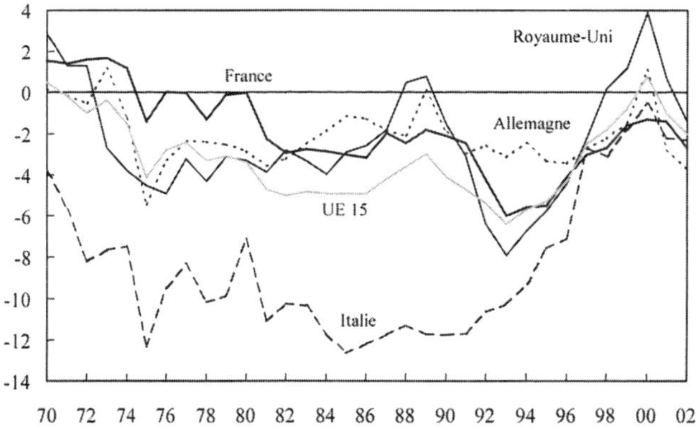

	Allemagne	France	RU	Italie	EU 15	États-Unis	Japon
1961-1970	0,6	0,1	0,3	– 2,4		– 1,1	0,8
1971-1980	– 2,1	0,1	– 3,0	– 8,9	– 2,4	– 2,1	– 1,8
1981-1990	– 2,0	– 2,5	– 2,2	– 11,5	– 4,4	– 4,4	– 0,3
1991-2000	– 2,3	– 3,6	– 3,1	– 6,5	– 3,3	– 2,3	– 3,5
1983	– 2,5	– 2,7	– 3,3	– 10,3	– 4,8	– 5,6	– 2,6
1984	– 1,9	– 2,8	– 4,0	– 11,7	– 4,9	– 4,7	– 1,5
1985	– 1,1	– 3,0	– 2,9	– 12,7	– 4,9	– 5,0	– 0,6
1986	– 1,3	– 3,2	– 2,6	– 12,2	– 4,9	– 5,3	– 0,7
1987	– 1,8	– 2,0	– 1,8	– 11,8	– 4,2	– 4,3	0,3
1988	– 2,1	– 2,4	0,5	– 11,3	– 3,6	– 3,6	1,1
1989	0,1	– 1,8	0,8	– 11,7	– 3,0	– 3,2	1,8
1990	– 2,0	– 2,1	– 1,6	– 11,8	– 4,1	– 4,3	1,9
1991	– 2,9	– 2,5	– 3,1	– 11,7	– 4,7	– 5,0	1,8
1992	– 2,6	– 4,2	– 6,4	– 10,7	– 5,4	– 5,9	0,8
1993	– 3,1	– 6,0	– 7,9	– 10,3	– 6,4	– 5,0	– 2,4
1994	– 2,4	– 5,5	– 6,7	– 9,3	– 5,7	– 3,6	– 2,8
1995	– 3,3	– 5,5	– 5,8	– 7,6	– 5,3	– 3,1	– 4,2
1996	– 3,4	– 4,1	– 4,4	– 7,1	– 4,3	– 2,2	– 4,9
1997	– 2,7	– 3,0	– 2,2	– 2,7	– 2,5	– 0,9	– 3,7
1998	– 2,2	– 2,7	0,2	– 3,1	– 1,8	0,3	– 5,5
1999	– 1,5	– 1,6	1,1	– 1,8	– 0,8	0,7	– 7,1
2000	1,1	– 1,3	3,9	– 0,6	0,8	1,4	– 7,4
2001	– 2,8	– 1,4	0,7	– 2,2	– 1,0	– 0,5	– 7,2
2002	– 3,7	– 2,7	– 2,3	– 2,3	– 2,0	– 3,1	– 7,9

Note : Allemagne de l'Ouest jusqu'en 1991, ensemble de l'Allemagne depuis.

Source : Perspectives économiques de l'OCDE (2002, prévisions OCDE de décembre 2002).

Balance des paiements courants

En % du PIB

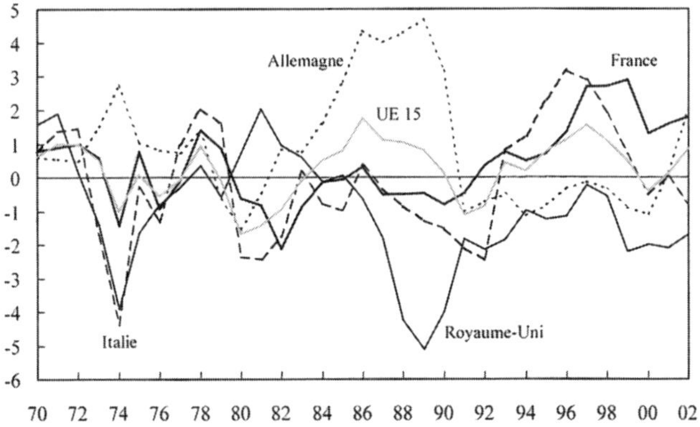

	Allemagne	France	RU	Italie	UE 15	États-Unis	Japon
1961-1970	0,8	0,3	0,0	1,5	0,4	0,5	0,3
1971-1980	0,7	0,2	– 0,5	– 0,3	0,0	0,0	0,5
1981-1990	2,6	– 0,6	– 1,2	– 0,9	0,4	– 1,9	2,3
1991-2000	– 0,7	1,3	– 1,4	0,8	0,3	– 1,8	2,4
1983	0,8	– 0,9	0,6	0,2	– 0,1	– 1,1	1,7
1984	1,6	– 0,1	– 0,1	– 0,8	0,5	– 2,4	2,7
1985	2,8	– 0,1	0,1	– 1,0	0,8	– 2,8	3,7
1986	4,4	0,3	– 0,6	0,4	1,8	– 3,3	4,2
1987	4,0	– 0,5	– 1,8	– 0,3	1,1	– 3,4	3,4
1988	4,3	– 0,5	– 4,3	– 0,9	1,0	– 2,4	2,7
1989	4,7	– 0,5	– 5,1	– 1,3	0,8	– 1,8	2,1
1990	3,2	– 0,8	– 4,0	– 1,5	0,1	– 1,4	1,5
1991	– 1,0	– 0,5	– 1,8	– 2,1	– 1,1	0,1	2,0
1992	– 0,7	0,4	– 2,1	– 2,5	– 0,9	– 0,8	3,0
1993	– 0,5	0,8	– 1,9	0,8	0,4	– 1,2	3,0
1994	– 1,1	0,5	– 1,0	1,2	0,2	– 1,7	2,7
1995	– 0,8	0,7	– 1,3	2,3	0,8	– 1,4	2,1
1996	– 0,3	1,3	– 1,1	3,2	1,1	– 1,5	1,4
1997	– 0,1	2,7	– 0,2	2,9	1,6	– 1,5	2,2
1998	– 0,3	2,7	– 0,6	1,9	1,1	– 2,3	3,0
1999	– 0,9	2,9	– 2,2	0,7	0,5	– 3,2	2,6
2000	– 1,1	1,3	– 2,0	– 0,5	– 0,4	– 4,2	2,5
2001	0,1	1,6	– 2,1	0	0,1	– 3,9	2,1
2002	2,0	1,8	– 1,7	– 0,8	0,9	– 4,9	3,2

Note : Allemagne de l'Ouest jusqu'en 1991, ensemble de l'Allemagne depuis.

Source : Perspectives économiques de l'OCDE (2002, prévisions OCDE de décembre 2002).

PIB en Europe

En %

Pays	1996	1997	1998	1999	2000	2001	2002
Allemagne	0,8	1,4	2,0	2,0	2,9	0,6	0,4
Autriche	2,0	1,6	3,9	2,7	3,5	0,7	0,7
Belgique	1,2	3,6	2,0	3,2	3,7	0,8	0,7
Danemark	2,5	3,0	2,5	2,3	3,0	1,0	1,7
Espagne	2,4	4,0	4,3	4,2	4,2	2,7	1,9
Finlande	4,0	6,3	5,3	4,1	6,1	0,7	1,4
France	1,1	1,9	3,4	3,2	3,8	1,8	1,0
Grèce	2,4	3,5	3,4	3,6	4,2	4,1	3,5
Irlande	7,8	10,8	8,8	11,1	10,0	5,7	3,3
Italie	1,1	2,0	1,8	1,6	2,9	1,8	0,4
Luxembourg	3,6	9,1	7,5	6,0	8,9	1,0	0,1
Pays-Bas	3,0	3,8	4,3	4,0	3,3	1,3	0,2
Portugal	3,8	3,9	4,5	3,5	3,5	1,7	0,7
RU	2,6	3,4	2,9	2,4	3,1	2,0	1,6
Suède	1,1	2,1	3,6	4,5	3,6	1,2	1,6
UE 15	1,7	2,6	2,9	2,8	3,4	1,5	1,0
Zone euro	1,5	2,4	2,9	2,8	3,5	1,5	0,8

Taux de chômage
(nombre de chômeurs/population active)

En %

Pays	1996	1997	1998	1999	2000	2001	2002
Allemagne	8,9	9,9	9,1	8,4	7,8	7,7	8,1
Autriche	4,4	4,4	4,5	3,9	3,7	3,6	4,3
Belgique	9,7	9,4	9,3	8,6	6,9	6,6	6,8
Danemark	6,8	5,6	4,9	4,8	4,4	4,3	4,2
Espagne	22,2	20,8	15,2	12,8	11,3	10,6	11,4
Finlande	14,6	12,7	11,4	10,2	9,8	9,1	9,1
France	12,4	12,3	11,4	10,7	9,3	8,5	8,8
Grèce	9,6	9,8	10,9	11,9	11,1	10,5	9,9
Irlande	11,7	9,9	7,5	5,6	4,2	3,8	4,4
Italie	11,7	11,7	11,7	11,3	10,4	9,4	8,9
Luxembourg	3,0	2,7	2,7	2,4	2,3	2,0	2,3
Pays-Bas	6,3	5,2	3,8	3,2	2,8	2,4	3,1
Portugal	7,3	6,8	5,1	4,5	4,1	4,1	4,6
RU	8,2	7,0	6,2	5,8	5,4	5,0	5,0
Suède	9,6	9,9	8,3	7,1	5,8	4,9	4,9
UE 15	10,8	10,6	9,4	8,7	7,8	7,4	7,6
Zone euro	11,5	11,5	10,2	9,4	8,5	8,0	8,2

Note : Les taux de chômage diffèrent de ceux du tableau de la page 117, qui sont harmonisés selon les méthodes de l'OCDE.

Source : Commission européenne, automne 2002.

Table

Collection

R E P È R E S

dirigée par
JEAN-PAUL PIRIOU

avec BERNARD COLASSE, PASCAL COMBEMALE, FRANÇOISE DREYFUS, HERVÉ HAMON, DOMINIQUE MERLLIÉ *et* CHRISTOPHE PROCHASSON

Économie du Japon (L'), nº 235, Évelyne Dourille-Feer.
Économie du sport (L'), nº 309, Jean-François Bourg et Jean-Jacques Gouguet.
Économie et écologie, nº 158, Frank-Dominique Vivien.
Économie informelle dans le tiers monde (L'), nº 155, Bruno Lautier.
Économie marxiste du capitalisme, nº 349, Gérard Duménil et Dominique Lévy.
Économie mondiale 2003 (L'), nº 348, CEPII.
Économie mondiale des matières premières (L'), nº 76, Pierre-Noël Giraud.
Économie sociale (L'), nº 148, Claude Vienney.
Emploi en France (L'), nº 68, Dominique Gambier et Michel Vernières.
Employés (Les), nº 142, Alain Chenu.
Ergonomie (L'), nº 43, Maurice de Montmollin.
Éthique dans les entreprises (L'), nº 263, Samuel Mercier.
Éthique économique et sociale, nº 300, Christian Arnsperger et Philippe Van Parijs.
Étudiants (Les), nº 195, Olivier Galland et Marco Oberti.
Europe sociale (L'), nº 147, Daniel Lenoir.
Évaluation des politiques publiques (L'), nº 329, Bernard Perret.
FMI (Le), nº 133, Patrick Lenain.
Fonction publique (La), nº 189, Luc Rouban.
Formation professionnelle continue (La), nº 28, Claude Dubar.
France face à la mondialisation (La), nº 248, Anton Brender.
Front populaire (Le), nº 342, Frédéric Monier.
Gouvernance de l'entreprise (La), nº 358, Roland Perez.
Grandes économies européennes (Les), nº 256, Jacques Mazier.
Guerre froide (La), nº 351, Stanislas Jeannesson.
Histoire de l'administration, nº 177, Yves Thomas.
Histoire de l'Algérie coloniale, 1830-1954, nº 102, Benjamin Stora.
Histoire de l'Algérie depuis l'indépendance, 1. 1962-1988, nº 316, Benjamin Stora.
Histoire de l'Europe monétaire, nº 250, Jean-Pierre Patat.
Histoire du féminisme, nº 338, Michèle Riot-Sarcey.
Histoire de l'immigration, nº 327, Marie-Claude Blanc-Chaléard.
Histoire de l'URSS, nº 150, Sabine Dullin.
Histoire de la guerre d'Algérie, 1954-1962 nº 115, Benjamin Stora.
Histoire de la philosophie, nº 95, Christian Ruby.
Histoire de la société de l'information, nº 312, Armand Mattelart.
Histoire de la sociologie :
1. Avant 1918, nº 109,
2. Depuis 1918, nº 110, Charles-Henry Cuin et François Gresle.
Histoire des États-Unis depuis 1945 (L'), nº 104, Jacques Portes.
Histoire des idées politiques en France au XIXᵉ siècle, nº 243, Jérôme Grondeux.
Histoire des idées socialistes, nº 223, Noëlline Castagnez.
Histoire des théories de l'argumentation, nº 292, Philippe Breton et Gilles Gauthier.
Histoire des théories de la communication, nº 174, Armand et Michèle Mattelart.
Histoire du Maroc depuis l'indépendance, nº 346, Pierre Vermeren.
Histoire du Parti communiste français, nº 269, Yves Santamaria.
Histoire du parti socialiste, nº 222, Jacques Kergoat.
Histoire du radicalisme, nº 139, Gérard Baal.
Histoire du travail des femmes, nº 284, Françoise Battagliola.
Histoire politique de la IIIᵉ République, nº 272, Gilles Candar.
Histoire politique de la IVᵉ République, nº 299, Éric Duhamel.
Histoire sociale du cinéma français, nº 305, Yann Darré.
Indice des prix (L'), nº 9, Jean-Paul Piriou.
Industrie française (L'), nº 85, Michel Husson et Norbert Holcblat.
Inflation et désinflation, nº 48, Pierre Bezbakh.
Insécurité en France (L'), nº 353, Philippe Robert.
Introduction à Keynes, nº 258, Pascal Combemale.
Introduction à l'économie de Marx, nº 114, Pierre Salama et Tran Hai Hac.
Introduction à l'histoire de la France au XXᵉ siècle, nº 285, Christophe Prochasson.
Introduction à la comptabilité d'entreprise, nº 191, Michel Capron et Michèle Lacombe-Saboly.
Introduction à la macroéconomie, nº 344, Anne Épaulard et Aude Pommeret.
Introduction à la microéconomie, nº 106, Gilles Rotillon.
Introduction à la philosophie politique, nº 197, Christian Ruby.
Introduction au droit, nº 156, Michèle Bonnechère.
Introduction aux sciences de la communication, nº 245, Daniel Bougnoux.
Introduction aux théories économiques, nº 262, Françoise Dubœuf.
Islam (L'), nº 82, Anne-Marie Delcambre.
Jeunes (Les), nº 27, Olivier Galland.
Judaïsme (Le), nº 203, Régine Azria.
Justice en France (La), nº 116, Dominique Vernier.
Lexique de sciences économiques et sociales, nº 202, Jean-Paul Piriou.
Libéralisme de Hayek (Le), nº 310, Gilles Dostaler.
Macroéconomie. Investissement (L'), nº 278, Patrick Villieu.
Macroéconomie. Consommation et épargne, nº 215, Patrick Villieu.
Macroéconomie financière :
1. **Finance, croissance et cycles**, nº 307,
2. **Crises financières et régulation monétaire**, nº 308, Michel Aglietta.
Management de la qualité (Le), nº 315, Michel Weill.
Management international (Le), nº 237, Isabelle Huault.
Marchés du travail en Europe (Les), nº 291, IRES.
Mathématiques des modèles dynamiques, nº 325, Sophie Jallais.
Méthode en sociologie (La), nº 194, Jean-Claude Combessie.

Sociologie de Norbert Elias (La), n° 233, Nathalie Heinich.
Sociologie des cadres, n° 290, Paul Bouffartigue et Charles Gadea.
Sociologie des entreprises, n° 210, Christian Thuderoz.
Sociologie des mouvements sociaux, n° 207, Erik Neveu.
Sociologie des organisations, n° 249, Lusin Bagla.
Sociologie des relations internationales, n° 335, Guillaume Devin.
Sociologie des relations professionnelles, n° 186, Michel Lallement.
Sociologie des syndicats, n° 304, Dominqiue Andolfatto et Dominique Labbé.
Sociologie du chômage (La), n° 179, Didier Demazière.
Sociologie du droit, n° 282, Évelyne Séverin.
Sociologie du journalisme, n° 313, Erik Neveu.
Sociologie du sida, n° 355, Claude Thiaudière.
Sociologie du sport, n° 164, Jacques Defrance.
Sociologie du travail (La), n° 257, Sabine Erbès-Seguin.
Sociologie économique (La), n° 274, Philippe Steiner.
Sociologie historique du politique, n° 209, Yves Déloye.
Sociologie de la ville, n° 331, Yankel Fijalkow.
Sociologie et anthropologie de Marcel Mauss, n° 360, Camille Tarot.
Sondages d'opinion (Les), n° 38, Hélène Meynaud et Denis Duclos.
Stratégies des ressources humaines (Les), n° 137, Bernard Gazier.
Syndicalisme en France depuis 1945 (Le), n° 143, René Mouriaux.
Syndicalisme enseignant (Le), n° 212, Bertrand Geay.
Système éducatif (Le), n° 131, Maria Vasconcellos.
Système monétaire international (Le), n° 97, Michel Lelart.
Taux de change (Les), n° 103, Dominique Plihon.
Taux d'intérêt (Les), n° 251, A. Benassy-Quéré, L. Boone et V. Coudert.
Taxe Tobin (La), n° 337, Yves Jegourel.
Tests d'intelligence (Les), n° 229, Michel Huteau et Jacques Lautrey.
Théorie de la décision (La), n° 120, Robert Kast.
Théories économiques du développement (Les), n° 108, Elsa Assidon.
Théorie économique néoclassique (La) :
1. **Microéconomie**, n° 275,
2. **Macroéconomie**, n° 276, Bernard Guerrien.

Théories de la monnaie (Les), n° 226, Anne Lavigne et Jean-Paul Pollin.
Théories des crises économiques (Les), n° 56, Bernard Rosier.
Théories du salaire (Les), n° 138, Bénédicte Reynaud.
Théories sociologiques de la famille (Les), n° 236, Catherine Cicchelli-Pugeault et Vincenzo Cicchelli.
Tiers monde (Le), n° 53, Henri Rouillé d'Orfeuil.
Travail des enfants dans le monde (Le), n° 265, Bénédicte Manier.
Travail et emploi des femmes, n° 287, Margaret Maruani.
Travailleurs sociaux (Les), n° 23, Jacques Ion et Bertrand Ravon.
Union européenne (L'), n° 170, Jacques Léonard et Christian Hen.
Urbanisme (L'), n° 96, Jean-François Tribillon.

Dictionnaires

R E P È R E S

Dictionnaire de gestion, Élie Cohen.
Dictionnaire d'analyse économique, *microéconomie, macroéconomie, théorie des jeux, etc.*, Bernard Guerrien.

Guides

R E P È R E S

L'art de la thèse, *Comment préparer et rédiger une thèse de doctorat, un mémoire de DEA ou de maîtrise ou tout autre travail universitaire*, Michel Beaud.
Les ficelles du métier. *Comment conduire sa recherche en sciences sociales*, Howard S. Becker.
Guide des méthodes de l'archéologie, Jean-Paul Demoule, François Giligny, Anne Lehoërff, Alain Schnapp.
Guide du stage en entreprise, Michel Villette.
Guide de l'enquête de terrain, Stéphane Beaud, Florence Weber.
Manuel de journalisme. *Écrire pour le journal*, Yves Agnès.
Voir, comprendre, analyser les images, Laurent Gervereau.

Manuels

R E P È R E S

Analyse macroéconomique 1.
Analyse macroéconomique 2.
17 auteurs sous la direction de Jean-Olivier Hairault.
Une histoire de la comptabilité nationale, André Vanoli.

Composition : Claudine Houdin, OFCE
Achevé d'imprimer en décembre 2002 sur les presses de l'imprimerie Campin, Tournai (Belgique)
Dépôt légal : janvier 2003